わが人生2

◉S&Sエンジニアリング社長
櫻井眞一郎

スカイラインとともに

神奈川新聞社

櫻井さんの人生から「幸せ」を見出して欲しい

モータージャーナリスト　三本　和彦

古く長いお付合の櫻井眞一郎さんが、神奈川新聞に連載する「わが人生」と題する物語を単行本として発刊するに当り、前文を私が書くように依頼を受けた。第49回東京モーターショーのプレスデイの日産ブースでのことだ。

「ねェ　ミッちゃん、あんたじゃなけりゃダメなんだ、お願い、たのむねッ!?」とこんなふうだった。

大役である。櫻井さんとは40年以上の付合で、年齢も近いから種々な想い出がある。スカイライン2000GTが発表された時〝羊の皮を被った狼〟というタイトルで東京新聞に記事を書いた。「吾が社の労作をオオカミ呼ばわりしたのは許せない」と読売新聞記者からプリンス自動車の広報に転じた広報課長から、抗議を受けた頃が櫻井さんと知り合う切っ掛けだと思う。

スカイライン一筋にクルマ創りを全うした硬骨のエンジニア、というより自動車設計者は少ない貴重な存在である。

自動車は、自動車そのものを好きであるか、あるいは造った製品としての自動車を買ってくれる人達を好きであるか、のどちらかが設計・製作したものでなければ「名車」の籍には入れない。

ねんがら年中不具合を発生するPC万能時代には出来ない自動車を、己れの頭脳と経験の蓄積と、卓抜な着想と努力と仲間や組織の雰囲気が背中を押さなければ人材は生れない。

櫻井さんの〝人生〟から倖せな生き方や、幸い多い社会が見透せる覗き穴を読者諸賢が見出してくれることを願いたい。

櫻井眞一郎さんの将来と人生はまだまだ続く。私は一介のジャーナリストとして、じっと刮目していたい。

目次

第一章　原点を培った少年時代

少年の夢は自動車へ

西暦一九〇〇年代から一九二〇年代にかけての間に、ガソリン・エンジンを用いた自動車製造業が欧米でめざましく発展した。ドイツのダイムラーとベンツ、フランスのパナールとプジョー、イギリスのロールス・ロイス、アメリカのフォードなどで、それぞれに個性的だった。

世に送り出した自動車に自分の名前が冠されるほどエンジニアにとっては挑み甲斐《がい》のある未開の分野で、しかも、自動車の未来は国民の足として広く普及することが約束されていた。バックヤード・スペシャルというように、我が家の裏庭で、自分だけの力で自動車づくりが始められて、それが輝かしい進歩につながった。人生のすべてをささげても悔いのないほど魅力的な分野だった。

私が横浜に生まれた昭和四（一九二九）年は、欧米の自動車業界が黎明《れいめい》期を経て量産化へ一歩を踏み出したばかりのときで、日本ではまだ自動車そのものがめずらしかった。もちろん、日本人が運転する自動車は輸入されたT型フォードやルノーだった。

本田宗一郎氏、豊田喜一郎氏といった日本の自動車づくりの先輩たちはまだ胚胎《はいたい》中で、純国産車が路上を走るのは戦後になってからである。

私はそういう自動車づくりの歴史をまったく知らなかった。そういう先駆者がいることも知らなかった。助かる見込みがないといわれて、病床から離れられない暮らしを送っていたとき、たまたまトラックを運転する人に抱えられるようにしてハンドルを握り、足を重ねてクラッチを踏み、自在に走らせる喜びを味わい、自動車づくりを一生の仕事にしようと決意しただけである。

自動車づくりを夢としたのは早かったけれど、実際に携わるまで随分と歳月を必要とした。日本ではまだ自動車という乗り物が珍しく、田舎に転地療養していた私には、運転のまね事をさせて貰《もら》ってトラックを走らせたのが、最初の経験だった。

日産時代の著者。愛煙家だった

だから、自動車について知識があったわけではなく、むしろ、あまり関係のないようなことばかりしていた。私たちが少年として生きた時代は、今日からすると「全体主義」という位置づけになるらしいが、世の中には子どもに好きなことをやらせてくれる空気が横溢《おういつ》していた。その点、「個の時代」といわれるようになった今日のほうが、おかしなことにおしなべて個性に乏しく、「一流大学、一流企業志向」というワンパターンのお仕着せを無理やり押しつけられている。現実の事実をありのままに見ると、そういう皮肉な現象が起きている。スローガンと中身はいつの時代でも一致しないものらしい。

だから、あの時代に少年であったことを幸せに思う。

他人にやれないことをやろう。

少年なりに夢中で取り組んで個にめざめ、やがて集団で目標に挑む楽しさを覚え、気づいたときにはスカイラインという自動車を「チーム」でつくっていた。

転地療養で海老名へ

私の父は国文学者、母も学校の先生という教育者の家庭で、生家は戸塚だった。しかし、母親が教師だったために転任するたびに茅ケ崎、保土ケ谷と住まいが変わり、小学校に上がったときは横浜市西区岡野町に来ていた。

小学校四年生のとき、私は大病をした。よく船員がビタミンCが不足してかかる壊血病に結核を併発し、十全病院（横浜市大病院の前身）をはじめ、大きな病院に片っ端から通って治療に明け暮れた。

しかし、ビタミンCの注射をどんなにつづけても効果はなく、とうとう血沈が一〇八ぐらいまで行って、もう助からないと医師に見放されてしまった。

ところが、私は一人息子だったから、両親はあきらめることができないで、私を転地療養させるために、わざわざ海老名の国分に引っ越した。

海老名は小田急線を境にして、西半分に田んぼ、東半分に丘陵が広がっていた。私の家は広々とした田んぼを望む高台にあって眺めがよく、まわりは畑ばかりで、大声で叫んでも隣の家に聞こえないほど離れていた。

わが家があったあたりは、今はすっかり住宅街に変ぼうを遂げたが、当時はムジナが出没するほどの田舎だった。

食卓には畑で取れるビタミンCの豊富な生野菜が並んだ。それで、通学できるくらいには回復したのだが、結核を併発していたから、午後二時を過ぎると決まって熱が出た。一人息子を不治の病に取られ、日々、熱に苦しむ姿を見守るほかない両親の心労はいかばかりだったろうか。

こいつは長く生きられないんだから……。

強い意志をもって息子の病魔に立ち向かってきた両親も、このころはもう半ば観念していたのだろう、私に好きなことをやらせてくれた。

海老名に来るまで、私は動物が好きで飼っていたから、小鳥をはじめ、ニワトリ、犬、猫、ヤギなど、「あれも飼いたい、これも飼いたい」とねだった。親せきの人も私を喜ばせようとして動物を連れて来てくれた。

終いには、よくもこんなに飼わせてくれたというほどの数になった。

小鳥だけはかごに入れていたが、あとはすべて放し飼いにした。どういうわけかヤギだけはなつこうとしなかったが、ほかの動物はみんなよくなついてくれて、私が外へ出ると後ろからぞろぞろついてきた。

よその猫が近づくとほえる犬も、わが家の猫とは仲がよかった。わが家の猫がニワトリを襲うこともなかった。みんな家族のように仲良く暮らした。

信じられないようなことなのだが、動物たちは私が元気でいる間は家の内外を駆けずりまわって騒ぐのに、午後二時あたりになって、私が熱を出して寝込んでしまうと、彼らも疲れてしまったのだろうか、まるで申し合わせでもしたようにみんなおとなしくなった。それも一度や二度のことではなく、毎日、決まってそうなのである。

猫に愛情の力を教わる

まさか、私の病状を気遣って静かになるのではないのだろうが、こうまでたび重なると、理由はわからないまでも、動物たちなりに規律を持ち、守ったというほかなくなってしまう。

おふくろが私にこんなことをいった。

「おまえがかわいがっているということが、犬にも、猫にもわかっているから、襲ったりしないし、けんかもしないんだよ。愛情を感じるから、動物たちはおまえのいうことを聞くんだよ」

私が動物たちにありったけの愛情を注いだことは事実である。

動物たちを家族の一員として一緒に暮らすうちに、まるで私の言葉がわかるように、彼らは私のいう通り動くようになった。私は動物たちがますますいとしくなった。

動物たちが私のいう言葉を理解したことを証明するような出来事があった。

わが家の猫のおなかが大きくなってきたので、私はおふくろからみかん箱をもらって、古くなった座布団を敷いて、産床を用意していった。

「おまえ、ここで、子を産むんだぞ」

おふくろは私が熱心にお産を待つ姿を見て、こんなに期待していて猫がみかん箱で産まなかったらがっかりすると思ったらしく、前もってじゅんじゅんと諭した。

「猫はお産を人に見せないんだよ。人が見ているところでは、絶対、子どもを産まないんだよ。せっかく、お産の床をつくったけど、中へ入らないかもしれないよ」

私はまだ子どもだったからおふくろのいうことが十分理解できないで、猫に「ここで、産め」といいつづけた。

おなかが大きくなるにつれて、猫の鳴き声が違ってきて、私の寝間着のすそをくわえて引っ張るので、仕方がないから布団から出ていう通りにすると、猫はみかん箱に入って、腹を上にして横たわった。

腹をもめ。

そういっているのだと感じ取って、私は猫のおなかをそっとさすった。随分、長いことさすっているうちに、私は疲れてしまって、寝床に戻った。

やがて、みかん箱の中のようすで、猫のお産が無事に済んだことがわかった。

母猫は赤ちゃん猫を、一匹一匹、きれいになめて首をくわえて私の布団の中へ連れて来て、とうとう全部運び込んでしまった。

まったく意味不明の出来事で、猫が私の話す言葉を理解したと考えないと説明がつかない。愛情を注げば動物とも心が通う。すなわち、愛情が持つ力を、私は動物たちから教わったのである。

後に私は第一世代から第七世代までスカイライン一筋に設計に携わり、それを生涯の誇りとした。「櫻井一家」や「櫻井学校」と呼ばれる家族のような設計チームにも恵まれた。スカイラインを愛し、チームを愛した。心が通うということは、強制された和や利害打算ではなく、お互いの根底に流れる愛情がもたらすものだ。

ひところ、話題になった「愛のスカイライン」というコピーも、私が動物たちに注いだのと同じ愛情を自動車設計に傾けていると語ったとき、その場で、コピーライターが「これだ」とひらめいて生まれたのである。

神様がくれた命なら

転地療養している間、毎週土曜日、学校から先生がわが家に来て、私に授業をしてくれた。

動物たちのおかげで気持ちが癒やされ、それが心の薬になって、快方に向かうにつれて、私は少しずつ学校へ通えるようになっていった。

小学校五年は、土曜日だけの訪問授業しか受けていなかったのに、学校が配慮してくれて、私は六年に進級することができた。

しかし、病み上がりの私が、野山を駆けまわる元気な田舎の子にはひ弱に見えたのだろう。みんなが着物

国産乗用車人気表彰式でのスピーチ

にほお歯のげたでいるのに、私が洋服に靴で通う姿に違和感を覚えたのかもしれない。私は意地悪されたり、のけ者にされたり、数々のいじめに遭った。

私は負けん気な性格だから、気持ちで「何を」と思うのだが、体力がなかったから我慢するしかなかった。当然、我慢するだけの学校へ行っても面白くない。

そんなとき、たまたま日本通運に勤める人がトラックでわが家に遊びに来た。その人が私をひざに乗せて、ハンドルを握らせて手を添え、クラッチに足を重ねて、心行くまでトラックを走らせてくれた。

私が自分一人で運転したわけではなかったが、実際に走る車がハンドル操作とクラッチの加減一つで、自在に動くことを知ったとき、私ははじけるような喜びを覚え、車が愛すべき動物たちの姿と一つに重なった。

我慢の中で覚えた喜びだけに、そのとき、私が車に抱いた印象は強烈だった。

神様がおれに命をくれて大きくなったら、自動車づくり屋になろう。

私の一生はここで決まった。

そのころ、すでに戦争が始まっていて、大きくなったら何になる、というようなことが、教室でよく話題になった。

学校の先生も、授業の合間に、しばしば生徒に質問した。

「大きくなったら軍人になる」

「兵隊さんになる」

「将来、おれは陸軍の大将になる」

体が小さかったり、丈夫でなくて兵隊検査に通りそうもない生徒は、決まって「内閣総理大臣になる」と答えた。

戦時下のためか、末は博士か大臣かといわんばかりの答えばかりで、とても自動車づくり屋になるなどとはいえない雰囲気だった。

しかし、私は持ち前の負けん気がうずいて、正直にいった。

「大きくなったら、自動車をつくるんだ」

覚悟のうえの発言だったが、案の定、いじめが一層ひどくなった。

「弱虫だから戦争に行くのが嫌なんだろう」

私はみんなから寄ってたかって嫌みをいわれつづけた。

けれども、大切な夢だった。私は屈しなかった。逆に精神を鍛えられて、強固な信念を持つに至った。

我慢は力である。

子どもの世界も闘い

大人、子どもの区別なく、人間には群れる習性がある。均一になろうとし、自分にはない個性を殺そうとする。強すぎても敬遠されるし、弱ければいじめられる。服装が違うだけで排斥され、何かと陰口をたたかれる。だから、それを苦痛とし誘惑に負けてしまうと、集団に溶け込もうとして、みずから個性を殺してしまう。私には考えられないようなことだが、どうやら事実らしい。

人は群れると質が落ちるというような言葉をどこかで聞いた記憶があるが、まったくその通りだと思う。しかし、のちに私は逆の発想をした。

すぐれた集団をつくれば、反対にそぐわない者が弾かれる。

人の群れがそうしたものだとすれば、前者と後者、どちらを選ぶか二つに一つだと腹を決めてかかった。いじめを受けた経験を通して無意識に得た結論である。

もちろん、小学生の当時は、思いもよらないことだった。

我慢に徹しているうちに、担任の先生が、それとなく私に味方してくれた。

私は学科の好みに比例して成績がひどく偏っていた。国語や地理、歴史などは大嫌いで、理科と算数はゲーム感覚、成績も突出していた。好きでやるということが、どれほど大切かということだろう。

だから、担任の先生が忙しかったりすると、決まって私に命じた。

「櫻井、先生に代わって、授業をしてくれ」

小学校六年生の私に、同じ六年生を教えろというのである。

私が算数の授業をしている間、ふだんはいじめる生徒もおとなしく聞いていた。

ところが、遊びになると、病み上がりの私を勝手に弱虫と決めてかかって、悪口をいったり、石をぶつけたり、やりたい放題の悪さをした。

だが、私は授業で仕返しすることなど、まったく念頭になかった。負けん気だから、その場で仕返しをした。

投げつけられた石を拾うと、相手が教室の中に逃げたから、私は構わずガラス越しにねらいをつけて投げつけた。窓ガラスが割れて、当然、私は罰を受けて校長室に立たされたが、気持ちはすっきりしていた。

子どもの世界にも闘いがある。四角、三角、丸、バツ、いろんな生徒がいて、ぶつかり合い、磨き合っている。幼稚で策をろうするほどの知恵がないだけで、取りも直さず大人の社会の縮図なのである。子どもなりにいかに処するか、性格や能力が試されている。だから、みんないい子だったら、私は少しも鍛えられなかったろう。

今日、教育の危機、学級崩壊が盛んにいわれているが、だれしも平等と錯覚した生徒が先生や親に従うはずがない。戦後日本の学校教育は子どもの世界のダイナミズムを無視して、実現するはずのない絶対平等主義の名のもとに自己破産した。

そんな気がしてならない。

少年技師時代の実験

私は山北藤一郎という人が書いた『少年技師の電気学』という本が欲しかった。確か赤い表紙だったと思う。

「おまえなんかに、そんなもの、まだわかるわけがない」

時期尚早というおやじにせがんで、買ってもらって、私は読んだ。

月刊誌『子供の科学』も定期購読した。

国語が苦手な癖に、好きな内容だとどんな難しい本でも、苦もなく読みこなすことができたから不思議である。

戦時中で、ブリキが手に入らなかったから、私は缶詰の空き缶を材料にして、モーターをつくってまわした。

風呂の水は離れた井戸から樋《とい》を使って流し込むのだが、井戸が深くてつるべでくみ上げるのが大変だった。何杯と数えるうちに忘れてしまう。これなら、センサーをつくって知らせたほうが確かだと私は考えた。空き缶をフロートにして、巻線抵抗を使った自動車の燃料ゲージのような器械をつくって、風呂おけに一定の水がたまるとベルが鳴るようにした。ベルも手づくりである。私がつくった装置に近所の農家の人がびっくりして見に来た。

旧制中学一年生のころ、自分でラジオを幾つもつくって、近所の農家に配った。スーパー・エテロダインが流行る前で、高周波一段、高周波二段のラジオである。部品を買うお金をつくるのに、おやじの蔵書を神田で売って秋葉原へ行った。

押し入れに手製のアンテナを張って短波放送を聞いたのも、そのころのことである。

当時、相模鉄道は蒸気機関車で、アーム式の信号だった。小田急は電車だったから自動点灯式である。電車が近づくと信号の色が変わって、チンチンチンと鳴るのが不思議で、どうしてなんだろうと考えた。

6代目スカイラインの開発に携わる

いくら考えても、わからない。私はわからないままで済ませられない性格だから、海老名駅から座間駅に向かって線路や設備を点検して歩いた。

架線からパンタグラフで電気を取って、線路に流し、モーターをまわして電車を走らせている原理はわかっていた。

そのうち、あるところで、線路が絶縁してある個所を発見して、電位差を利用して信号機を作動させる仕組みになっているのだと、ようやくわかった。絶縁された線路に電位差があるならば、当然、モーターがまわるはずである。早速、私は家から手作りの三極モーターを持って来て、端末を両方の線路につないだ。モーターがまわり出すと同時に、信号が変わって、音が鳴り始めた。私はびっくりして家に逃げ帰った。

私は自動車を四本足の生き物として考えた。だから、フィーリングを大事にして、ドラマ性まで印象づけようとした。同時に自動車は命のかかった乗り物だから、理論や実験データを駆使して、安全性、機能性を徹底して追求し、理屈に合わないところがあれば自分が実際に運転して疑問を解消した。少年技師時代に培った気質がそうさせたのだと思う。

パン製法から減圧器

好きだから自分で勉強する。本を読んでわからなければ、自分なりに試して疑問を解く。誰かに教わるという考えが、私にはなかった。

そういうことを繰り返すうちに、ふと頭にひらめくようなことが、しばしば起きた。

戦争中、私たちは代用食としてパンを食べた。小麦に炭酸水素ナトリウムを混ぜて水で練って焼くとパンができる。炭酸水素ナトリウムは重曹とも、「ふくらし粉」とも呼ばれていた。重曹は重炭酸ソーダの略称である。それが、なぜ、減圧器に結びついたのか、今でも不思議である。

わが家に来ている電気は一〇〇ボルトだから、変圧器を使わないとモーターをまわせない。手製の変圧器をつくろうとして、私はアルミと銅のコインを端子に使い、コップの水に重曹を溶いて、それを中に入れ、端末を電源とモーターにつないで電圧を下げてモーターをまわした。

わが家にあるちょっとしたものでも、それを使えば間に合うのに、私は自分でつくろうとした。レールの上に五寸くぎを並べて、走って来る電車にひかせてペタンコにつぶし、それで十五夜のお供えの果物を食べた。

他人がやらないような変わったことをするということが、本来、好きだったし、それが私の遊びだった。

　息子が何か変なことをしていると思ったのだろうが、親は私に何もいわなかった。教育者らしい教育者だったと思う。

　体が弱いことが原因になって、私はいじめを受けたが、いじめられっ子にはならなかった。負けん気もあるが、おれには友達がやれないことができる、というひそかな自負があったから、いじめに屈しなかった。

　私には学校の勉強以外にやること、やりたいことが山ほどあった。精神的に学校はそれほど大きな比重は占めていなかった。だから、いじめもさして心理的に負担にならなかったし、学校に通いながら独学に走った。それが私の将来にさいわいした。

　あるいはまた、どうやって遊ぶか、楽しむかというようなことは、小学校、中学時代にとっくに卒業してしまっていたから、大人になってからの私たちは、どうやったらよい仕事をやれるようになれるか、ということしか頭にはなかった。

　夢を持つことが先で、勉強はそれからである。通信簿に漫然と五を並べても、夢に結びつかなければ、学園の秀才で終わってしまう。

　学園紛争華やかなりしころ、声高に「東大解体」が叫ばれた。自分が東大を受験して落ちたからいうわけではないが、解体するとすれば偏差値主義である。東大が英断して一部の大学のように「一芸主義」を採用すれば、社会の要職を本当の人材が占め、やがて、日本は閉塞《へいそく》状態から脱する。

全人教育というのもおかしい。実現不可能な目標を立てたら、理想倒れに終始し、挫折感の繰り返しになってしまう。

戦後教育のどこに問題があるか、私たちの経験からいえば、もはや、一目瞭然《りょうぜん》である。

出征した先生の戦死

後になって、戦後間もなく、津久井の山里を舞台に物語が展開する「おらあ三太だ」というラジオ番組が人気になった。花荻という女先生と腕白坊主の生徒三太の心の交流が、日本人に共感を呼び起こし、敗戦の痛手を癒やしたのである。

まだ戦時中の海老名時代の暮らしは「おらあ三太だ」の世界を先取りしたもので、腕白坊主の三太が私だとすると、女の花荻先生に当たるのが男の木内先生だった。花荻先生が三太をかわいがったように、木内先生は私のことを心底から気遣ってくれた。私の体の具合が悪かったときには土曜日に訪問授業をしてくれたし、ふだんの日も帰りにわが家に寄ってくれた。病気が快方に向かって登校できるようになると、自分に代わって算数の授業をしろと命じた、あの先生である。

海老名は津久井ほど山奥ではないが、雰囲気が実に似通っていた。

空気の澄んだ日には裳裾《もすそ》を広げてピラミッド型をした大山が、田んぼの間を割って流れる相模川の向こうに見えた。

冬は大山おろしの吹きさらしである。洋服を着た私が近隣から集まった紺かすりの着物姿の小学生を六人ほど引き連れて、霜柱を踏み砕きながらあぜ道を歩いて行く。

六人とも手の甲は霜焼けであかぎれが入り、鼻をこする着物の袖はテカテカに光っていた。私は気の毒に思って、ブリキ板に消し炭を燃やして載せて持たせた。手持ち用の暖房具である。歩きながら、ふうふう息を吹きかけて火を起こしては、かじかんだ手をあぶって暖めた。

学校には持ち込めないから、校門の近くの竹やぶの中に隠し、みんなで輪になって小便をかけて火を消してから、素知らぬ顔で教室に入った。帰るころには乾いているから、自分のブリキ板を持って家路につくのである。ブリキ製の暖房具を間違えないように、めいめいにくぎで名を刻ませた。

私は決して威張らなかったが、いろいろ工夫して喜ばれ、いつの間にかガキ大将みたいになっていた。おふくろが「ワルでしようがなかった」とこぼしたのは、この時分のことだと思う。いたずらをしては木内先生にしかられて、校長室の前に水の入ったバケツを持って立たされた。

すぐに校長先生が出て来て、私に声をかけた。

「櫻井、また何かやったのか」

私がいたずらに走ったのは病床に囚われの身となっていた療養生活の反動で、自由に外出できるようになった喜びが心身からほとばしったのである。木内先生の罰には愛情がこもっていた。悪さをして木内先生にしかられるのが私にはうれしかったし、罰を加える木内先生も同じ理由で心の中では私の健康を祝福してくれたと思う。

木内先生が出征し、やがて戦死したと聞いたとき、体から血が引くのを感じた。次いで、大きな悲しみが襲ってきた。私は死ということを初めて身近に受けとめ、真剣に考えた。

いたずら経験が糧に

毎朝、私が引率する小学生は年下だった。農家が点在する星谷という集落から学校まで三キロ弱の道のりで、途中に相模国分寺の遺跡があり、布目のついた瓦の破片が付近に散らばっていた。一人では帰れない一年生もいて、まだ授業のある私の席に来て隣に座って、いたずらをしながら待っていた。お昼になると、弁当を半分わけてやって食べてから、一緒に帰った。

兄弟のいない私は、そんな彼らがかわいくてならなかった。

今みたいに予算が豊富な時代と違って、当時の学校は貧しくて、運動具が買えなかったから、総出で竹を切って筒をつくり、手ぬぐいを二つ折りにして袋にしたものをかぶせ、口をしばって腰につけて海老名耕地の田んぼへ行き、イナゴを捕って中に入れた。全校の生徒が一斉に捕まえるのだから大変な量である。捕ったイナゴは学校に持ち帰って、大きな釜でゆでてから、とげを持つ長い足を折った。食べるとうまい。それを校庭に敷き詰めたむしろの上で干し、買いに来る業者に売った。

海老名耕地は神奈川県で一番広いといわれていたから、捕っても、捕っても、いくらでもイナゴがわいてきた。田んぼの持ち主も助かったし、イナゴを売った金でボールなどの運動具類を買うのだから一石二鳥だった。

小さな集団には私のようなガキ大将がいたし、全校行事には誰もが自覚するはっきりした目的があったから、学校全体が結束して一つにまとまった。よその家のハトを捕まえて食べたり、畑に潜入してスイカ泥棒をしたり、いたずらも集団ですることが多かった。楽しみながらハラハラ、ドキドキの毎日だった。

そういういたずらから知恵が生まれた。だれが考えたのか、コウモリ傘の骨にひものついた木綿針を幾つもくくりつけ、ミミズに針を通して谷戸田の穴に突っ込むと、ウナギが食いついて、わけなく釣り上げることができた。それが、子どもたちの自給自足の貴重なタンパク源だった。

小川をせき止めておいて、お茶の実を砕いて入れると、魚が浮き上がってくる。それを難なく手で捕まえた。私たちはそれを「毒ブチ」といっていた。やっちゃいけないといわれたが、こっそり隠れてやった。

都会で病気にならないまま育ったら、私はまったく違う人間になっていたと思う。大病して田舎に転地療養したおかげで、子供心に好奇心のかたまりになった。好奇心には実践が伴い、経験によって裏打ちされた。大人になって自動車の設計をするうえで、それが貴重な原体験になった。

それこそ時間を忘れて自動車の設計に没頭したが、やっていることが違うだけで、無我夢中で疲れというものを知らなかったのは、いたずらによって体が同時に鍛えられたからだろう。学校で教わったことよりも、いたずらから学んだことのほうが、実際の役に立つことが多かった。

授業にもグライダー

昭和十七（一九四二）年に旧制県立厚木中学に進学した。今日の厚木高校である。厚木中学はカバンを持たせなかった。真っ白い風呂敷に教科書をくるんで行った。靴も履いてはいけなかった。ほお歯の高下駄を履かされた。本体だけがキリで歯にホオを使った。歯が減るとつけ替えるから、ほお歯という。

中学なのに運動場の隅に寮があった。遠くて通い切れない者が、寮に入った。

当時は尋常小学校の上に高等科が二年あった。義務教育は尋常六年で終わる。近所の農家の子どもが進学するとしても高等科二年が関の山だ。それなのに私が尋常六年から厚木中学に進学したというので、近所の人は私を大変な秀才と勘違いして、くわを揮《ふる》う手を休めてあいさつするようになった。

しかし、私はあいさつを返しても、秀才と勘違いするようなことはなかった。

私が厚木中学を選んだのはグライダー部があったからだ。近くの河原に飛行場があって、部員がグライダーを組み立てたり、修理をしたりしていた。授業にもグライダーが取り入れられていた。自動車づくり屋につなげるために、それに少しでも近いことをやりたかったのである。

数学の競技会で優勝したときの賞品がグライダーだった。代数の先生が飛行場で獲得したグライダーに試乗したのだが、ベルトを締め忘れたために落下してしまい、大騒ぎになったことがある。オケラというあだ名の先生だった。

そのころ、私より十くらい年上のいとこが、相武台にある陸軍士官学校にいた。わが家に近かったから、ときどき見学に出かけた。ある日曜日、私が出かけて行くと、ひと山をそっくり敷地にした広大な教練場にいとこたちが整列させられていて、一人ずつぶん殴られる場面を目撃した。

あとで私はいとこに尋ねた。

「兄ちゃん、どうして殴られた。何か悪いことしたの」

従兄が答えた。

「分隊の中に帰営の門限に遅れた奴がいたんだ。それで、連帯責任で、おれたち全員が殴られただけだ。自分は何も悪いことはしとらん」

私には理解できないことだった。

陸軍士官学校でなくとも、当時は悪いことをすれば、すぐにぶん殴られた。痛いけれども、それが薬になった。だから、門限に遅れた者が罰として殴られるのは仕方がない。過失のない者まで殴るとは何たることだ、と私は憤慨して決意した。

おれは軍隊なんかには入らないぞ。

一人の少年技師から小さな集団のガキ大将になって、さらに全校生徒でイナゴを捕って運動用具を調達したことで、私は大きな目的意識を学んでいた。

一人よりもチームでやったほうが、世の中の役に立つ。しかし、強制された結束では意味がないと思う。一人ひとりが心から生涯の友と感じられるような集団、どうせつくるなら、そういうチームでありたい。

それが本当の組織であり集団だと、私は考えるようになった。

父に背いて選んだ道

私は何よりもスカイラインという車を愛した自動車エンジニアである。スカイラインは愛する車でもあり、ドライバーは自動車に命を託すのだから、良しあしを判断することにかけては、だれよりも真剣であろうとした。それがために採算が二の次になって、上司が「櫻井に会社をつぶされる」と嘆いたくらいである。

では、よい車とは何かといえば、四国のある中古車販売会社のオーナーが、実にうれしいことをいってくれた。

「一、二キロ先からライトをつけた車が走ってくるとすれば、スカイラインならすぐに判別がつく。ほかの車はライトが揺れて見えるが、スカイラインはライトが固定されたみたいに、ぐんぐん迫ってくる。あらゆる車速で安定して走るから、車酔いもないし、疲れもない。だから、安全だと太鼓判が押せる」

中古車になっても性能が落ちない、長く愛してもらえるというのが、私の自動車づくりの基本的な物差しだった。

いつしか、よい車をつくるより、よく売れる車をつくれという時代になった。そういう車はあまり好きではなかったし、愛情を感じなかった。私は会社勤めの身でありながら、会社人間の枠を超えて取り組むことが多かったから、そうなると身動きが取れなくなってしまって、自分から会社を出るほかなくなった。

これも一つの生き方だと思っている。

平凡なことわざだが、「好きこそものの上手なれ」という。好きなことだから、障害をはね除けてでも努力しようとする。そんな意気込みの萌芽が少年時代にあった。

中学三年のころ、私は好んで物理や数学の本を買い込んで、むさぼり読んだ。微分・積分は、当時、大学でやることになっていた。そういう専門書は高価だし、神田の古本屋街あたりへ行かないと、手に入らなかった。問題はお金である。小遣いでは足りないから、おやじの蔵書を持ち出して神田の古本屋に売った。よい値段で売れたが、おやじにばれて、いつもしかられていた。

私の父親は国文学者である。だから、私も国文学者にしようとして、私が微分・積分の本を読むのを喜ばなかった。

「そんな本を読む暇があったら、漢文を勉強しろ」

漢文ほど私が嫌いな勉強はなかった。地理も嫌い、歴史も嫌い。微分・積分の本を読みたいばっかりに、国語や漢文の本をすぐ脇に置いて、おや

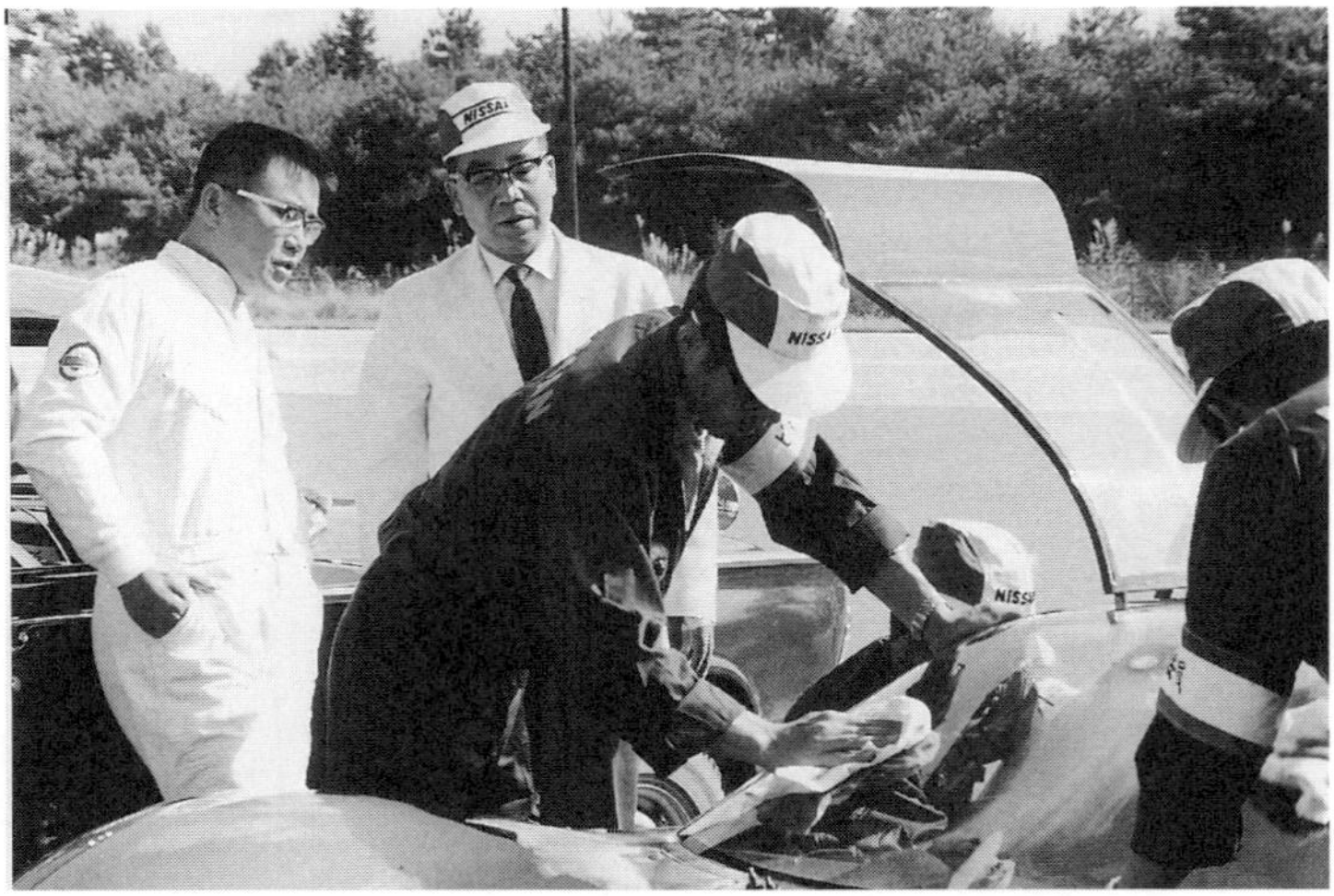

R380のスピード記録会で、左から２人目が著者

じが来るとすぐに上に重ね、読んでいるふりをして誤魔化した。

落ち着いて読みたいときは、みずから風呂たきを志願した。

「ぼく沸かすよ。ぼくがわかすよ」

微分・積分の本を抱えて、部屋から飛び出した。

風呂場は母屋から離れていた。しかも、たき口が外にある。中からは見えないから、たき口のふたを開けて、薪の火を明かりにして、毎晩、楽しみながらゲーム感覚で、微分・積分の問題を解いていった。

おやじは死病から私の命を救ってくれた恩人である。それなのに期待に背いてまで、私は自分の目指す道を行こうとした。好きなことを持ったために、心にそういう傷を負った。せめても上手にならなければもうしわけない。

需要工場で機械を改良

昭和十九（一九四四）年、太平洋戦争は、日本軍の敗色が濃厚になった。国内は戦時総動員体制になって、私たちは武蔵溝の口駅の近くにある日本光学の工場に派遣されて働くことになった。

飛来する米軍機に測距儀を向けて、割り出した照準にねらいをつけて高射砲で撃つ。それが当時の迎撃法だった。照準を割り出すのに用いられていたのが「ウ射」機械式計算機である。使われる歯車は、歯の大小が幾通りもあって、平歯車もあれば、笠歯車、斜歯歯車など種類、形状とも実にさまざまだった。私が担当したのは笠歯車の切削だった。

小さいころの私は「破壊主義者」だった。おふくろが私にそう命名したのである。私はおもちゃを買って貰うと、遊ぶことより仕掛けや仕組みを知ることに先に興味がわいて、すぐに「こはぜ」を片端から起こしてバラバラに分解してしまった。結局、元に戻せないで遊べなくしてしまう。しかし、それで満足した。

そういう経験を積み重ねて育ったから、私はぱっと見ただけで、こんな工作機械でやっていたら、能率が上がらないと見抜いた。

しかし、軍需用の工作機械は兵器と同じ扱いだったから、勝手に改造すれば厳罰に処せられてしまう。まして壊そうものなら、どんな罰を受けるかわからない。いわれた通りにやって壊しただけで、重く罰せられたのである。

最初は教わった通りに作業したのだが、グリーソンという機械の送りのスピードが我慢のならないほど遅く、まどろっこしくてどうにも仕方がなくなった。従順にしているのがだんだん苦痛になってきて、破壊主義者の血がうずいた。とうとう堪え切れなくなって、送り装置に手をつけて改造してしまった。

現場を監督する班長が青くなって、私のところへ駆けつけて来た。

「おい、貴様、中学生の分際で、こんなまねをしやがって！」

私は黙って作業をつづけて、班長に能率の向上を現実に示した。

喜色満面になって、班長がいった。

「こりゃ、驚いた。貴様は大した中学生だ」

すぐに班長から報告がいって、私は工場長に呼び出された。

テーブルにごちそうが並んでいた。国民は口にできない特配と呼ばれる食べ物ばかりだった。お偉いさんはこんなうまいものばかり口にしているのかと、内心複雑な思いで全部平らげた。

「君はもう現場で働かないでよろしい。機械の能率を上げる工夫だけを考えてくれ」

次の日から私は特別扱いで、機械の改良に取り組むことになった。

軍需工場は軍隊と同じ規律、秩序で営まれていた。それでも自由に振る舞わずにいられなかったのは、病気で寝たきりになって身動きもならず、閉塞《へいそく》した日々を送った時代の反動だろう。禍福はあざなえる縄のごとしである。

アメリカ文明に接した時

神中線の大和駅から海老名方向に少し歩いた場所に高座海軍工廠《しょう》があった。雷電という飛行機をつくっていたが、実戦に投入することなく終戦を迎えた。台湾の人が大勢働いていた。おやじがそこへ日本語を教えに行くようになった。だから、私もまた高座海軍工廠へよく出入りした。

終戦を迎えたとき、放置された飛行機から真空管を持ち出してラジオをつくった。検波管から整流管まで「ソラ」という名が記されていたから、完成したとき、ラジオに「オールソラ」と命名した。会心の作だった。

アメリカ軍が乗り込んでくると、高座海軍工廠にあるものはすべて没収されてしまうから、何でも持って行けといわれた。どういうわけかピアノがあった。荷車を引いて来て運ぼうと思ったが、重すぎて持てないのであきらめ、結局、自転車をもらった。

いよいよ連合軍総司令官マッカーサーが厚木飛行場にやって来ると聞いて、怖いもの見たさで、その自転車に乗って友達と出かけた。

草むらに隠れて見ていると、マッカーサーがパイプをくわえてタラップを降りて来た。「あいつかあ」と思って見ていると、輸送機が次々と着陸して来て、すぐに飛行場の整備が始まった。

私はマッカーサーのことなど、すっかり忘れてしまった。
ジープやスクーターが走りまわり、ブルドーザーやスクレーパーを使って、飛行場がどんどん拡張されていく。建設機械を用いているから、信じられないような早さだ。機械の威力をまざまざと思い知らされた。

隣接した高座海軍工廠にもカマボコ兵舎があっという間に立ち並んだ。

アメリカ兵は常に六、七人の集団で行動し、いつでも使えるように自動小銃を構えていた。最初は怖かったが、何もしないとわかってから、好奇心を覚えて私のほうから近づいた。

アメリカ兵の暮らしぶりは見るからに裕福そうだった。食べ物から機械まで、日本にはないものが、山のようにあった。私はこれじゃ日本が戦争に負けるのは当たり前だと思った。

しかし、アメリカ兵は何よりもオニオンやポテトが欲しいらしい。今日の日本人が外国へ行くと日本食が恋しくなるのと同じことなのだろう。調達したいのだが、言葉が通じないで困っていたという。私を歓迎してくれて、「通訳をしろ」といった。通訳など出来やしないのだが、私は英語の勉強のつもりで引き受けた。実際は案内役のようなものだった。チューインガムやチョコレート、缶詰、当時、日本人の貴重品だった食料を箱にいっぱい詰めて持参し、農家の人との物々交換の仲介をした。

そのうち、ある軍曹と仲良しになった。軍曹にテキストを見せて読み方を教わっては、学校の授業に出た。ところが、私が軍曹から教わったのはアメリカン・イングリッシュで、先生の読み方はブリティッシュ・イングリッシュだったから、どっちが本当かわからなくなってしまった。それで学校の授業に興味をなくして、軍曹式発音の英語を覚えてしまった。

自動車に触れる幸せ

昭和二十二（一九四七）年春、東大進学を望んで駒場高校を受験した。数学、物理はよくできたつもりだが、国語、地理、歴史に足を引っ張られて落ちてしまった。

浪人中、軍曹にアメリカ留学を勧められた。

厚木飛行場の拡張工事で、自動車や建設機械が活躍するのを目撃したばかりである。渡りに船の誘いだったのだが、一人息子が遠く離れることに両親が反対したので断腸の思いで断った。もし、アメリカに留学していたら、まったく違う人生になっていたと思う。

翌二十三（一九四八）年春、嫌いな学科に時間を無駄に使うのが嫌で、目標を変更して一次の静岡高校（国立静岡大学）、二次の横浜工専（国立横浜大学）を受験した。

静岡高校から合格通知が来た。

行きたかったが、内証で受験したのがばれて、両親にしぼられた。

「眞一郎、おまえは、親を置き去りにして、そんな遠いところへ行くつもりか」

一人っ子を持つ親の気持ちとは、そうしたものなのだろう。静岡高校でさえ、こうなのである。アメリカ留学など夢のまた夢だった。ひょっとしてという微かな期待は、あっけなく消し飛んだ。

さいわい二次の横浜工専から合格通知がわが家に届いた。

両親は手放しで喜び、心から祝福した。

当時、横浜工専は京浜急行弘明寺駅から商店街を抜けたところで直面する鎌倉街道のちょうど向こう側にあった。

横浜工専の伝統的校風は、無試験・無処罰・無採点の「三無主義」で、すべてが私の気質に合致した。

私は自動車に関係がありそうな学科に力点を置き、部活は自動車部を選んだ。大型の運転免許も取得した。自動車部にはいすゞのトラックとクライスラーがあったが、どちらも満足に動かなかった。

私たちが「お嬢さん」とニックネームを進呈した車は、よくもここまでというほどエンジンが老朽化していて、スターターもなかった。フロントバンパー中央の穴からクランク棒を差し込んで、「エイヤッ」と前近代的な気合をかけて勢いよくまわし、作動させるほかなかった。かかったり、かからなかったり、そのときの気分次第だったから、「お嬢さん」なのである。

「やった、やった。かかったぞ！」

「櫻井、おまえ、もてるなあ」

こんな毎日だった。

自動車の現物に触れるだけで幸せだった。機械油に真っ黒にまみれて、マフラーに鼻を近づけては排ガスのにおいをかいでうっとりした。

自動車部の乏しい予算を補うために、私たちは車を動かすだけでなく、運転の練習を兼ねて運送業まがいのことをして、自動車部品を買い、燃料代の足しにした。大概の部員は少ない小遣いで懐具合がさびしく、いつもピーピーしていた。けれど、どの瞳もきらきら輝いていた。

「横すべり」しないで卒業

二年生になるとき、学制改革が行われて、横浜工専は横浜経専、神奈川師範と合併して国立大学に昇格することが決まった。

「大学に切り替わったとき、どういうことになるんだ」

クラスの三十人が集まって討議した。

各自が思うところを述べた。私が先にいってしまうと、みんなが従ってしまうので、黙って聞いていた。意見が出尽くして、全員の視線が私に集まった。

私は迷わずいった。

「新制になったって、やることは同じだ。今までやったことを、もう一度やり直すなんてばからしい。おれはまっぴらご免こうむる」

「櫻井のいう通りだ」

たちまち衆議一決をみて、私が代表して担任の教授に伝えに行った。

「私たちのクラスはほとんど全員、新制への横すべりはしません」

「そうか。よし、わかった」

教授は受け入れた。

結局、親の反対で新制大学に横すべりした一人か、二人が脱落しただけで、残り全員が横浜工専生として予定通り昭和二十六（一九五一）年に卒業することになった。

ある日、仲のよい学生四人で、近くのそば屋に入った。

ポケットを捜したが、金が足りない。それならこうしようといって、うどんかけ一つとうどんの玉三つを注文した。ジャンケンして勝った者が最初にうどんかけを食う約束である。ただし、汁を吸ってはならない。次の者がうどんの玉をぶっ込んで、汁になじませて食う。一番負けた奴が最後で、順番がまわったころには、つゆはあるかないかの状態で、熱も冷めていてうまくなかった。

食後に一人がタバコを取り出した。四人が一度に同じことをしないと気が済まない。

「おい、おれにも吸わせろ」

喫煙しない奴まで、我も我もと名乗りを上げたが、一本しかない。

仕方がないから、私が紙の部分に万年筆で線を引いて、おまえはここまでと決めて、四人で順番に吸いまわした。

授業がはねたら、野毛のマッカーサー劇場、長者町の横浜ピカデリーあたりで、みんなで映画を見ようということになった。横浜工専のある弘明寺から歩いて足代を節約し、いざ入場料を払おうとすると、人数分に達しない。

「各自、工面して、三十分後に集まれ」

私は即断して知り合いの勤務先へ顔を出し、無心してから、横浜ピカデリーの前に戻った。ほかの三人も前後してやって来て、ようやく中へ入って映画を見た。

卒業するまで、そんなことばかり繰り返した。今でもたまらなく懐かしい。学生生活の楽しさが私の体のしんまで染みついていて、後にスカイラインの設計に携わるとき、それが櫻井チームの原形になったような気がしてならない。

第二章　名車誕生

何の間違いか合格に

昭和二十六（一九五一）年に横浜工専生として卒業することになった。だが、東大生でさえ就職できないで困っている大変な不景気の時代、自動車会社にかっきり的を絞った私に行く先はなかった。全国に販売網を築いて自工と自販に分かれたトヨタでさえ、未曽有の経営大ピンチに直面して、前年、生みの親の豊田喜一郎自工社長が退任したばかりだった。

自動車会社は軒並み新規の採用を見送った。

私は自動車会社以外は視野になかったし、大学もそれを知っていた。だから、「大学に残れ」といってくれた。私もその気だったのだが、国立大学の機械科卒業予定者と限定して清水建設から求人がきた。機械部の要員だという。

教授が私を呼びつけてじゅんじゅんと説いた。

「機械部なら自動車に縁がないわけでもない。眞ちゃん、受けに行って来いよ。銀シャリが出て、日当が出て、汽車賃までくれるんだ。こんないいことはないじゃないか。就職試験の経験を持つのもいいぞ」

私は教授から眞ちゃんと呼ばれていた。東大からも受験するのだから、合格するわけがない。暗にそんな口ぶりだったから、私はそのつもりで教授に念を押した。

「合格するわけないですよね」

「相手は一流の国立大学だ。求人はたったの一人だから、受かりっこない。眞ちゃん、安心して行って来いよ」

就職試験の経験を積むだけなら――と、私は納得して清水建設の入社試験を受けた。

合格しては困る。早くお昼になって、おいしい飯を食わして貰い、日当と汽車賃を受け取って帰りたい、それしか考えて来なかったから、私は面接でいいたい放題のことをいった。

マッカーサーが来日した直後、あっという間に厚木飛行場を拡張してしまった進駐軍の建設機械の威力が、私の念頭に強烈に焼きついていた。

「猫車を押してやってるのを見るが、日本の建設機械はなってない。これからの日本の建設会社は、ブルドーザーで整地し、スクレーパーをまわして固める、そういうことをやらなければ駄目だと思う」

まだ学生なのに居並ぶ面接官に向かって偉そうに演説をぶって、おいしいご飯を食べて、意気揚々とわが家に帰った。

そうしたら、何の間違いか、私に合格通知が来てしまった。

私はびっくりして教授のところへ駆けつけた。

「こんな話じゃなかった。先生、どうしてくれるんですか」

教授も、就職担当の先生も、困ってしまった。

「断ったら、次から求人がこなくなってしまう。眞ちゃん、頼む。行ってくれ。その代わり自動車会社から求人がきたら、いつでも呼び戻す」

そういう約束で、私は清水建設に入社した。

在籍一年で係長昇進

清水建設に入社して幾日もたたないうちに、私は重役に呼び出された。入社試験の面接に立ち会った重役である。

「おまえさん、いつぞやは、よくぞいってくれた。今、東京駅の前に丸ビルが建っているが、三菱地所から受注して、もう一つ建てている。基礎工事が出来ているんだが、防火用水みたいに水がたまってしまった。櫻井、おまえ、そこにコンクリートを打て」

重役にいわれて、私は答えた。

「コンクリートをどうやってつくるかもわかりませんし、私には無理です」

「そんなわけないだろう。おまえは面接の席でどえらいことをいって、おれたちをおどかした。いいから、やれ」

重役は私の意向など頭から無視して、小切手に金額を書き込み、経理の担当者を呼びつけて「こいつに、これだけ出してやってくれ」と命じた。金額を見たとたん、私は体に震えがきた。どうしたものか。

私は思案に暮れて、当時、清水建設が着工していた小河内ダムの現場に出かけて、コンクリートの打ち方を教わった。幾日か勉強して、よしという意気込みで自分の職場に戻った。

おれはおれなりに機械をつくって、新丸ビルでやってみよう。

私はすぐに横浜ドックへ行った。工専の二年先輩が三菱造船所で建築機械をつくっていたので、私は事情を話して構想を伝えた。

「水と砂と砂利をミックスして、コンクリートをつくる機械が欲しいんです。自動的に計量し、ミキサーでこねて、上にタワーで持ち上げて、コンクリートを打つ。そういう機械をつくってくれませんか」

重役がいくらでも小切手を切るといっているのだから、費用の心配はなかった。先輩は快く引き受けてくれた。

早速、二人で相談して設計図にまとめ、新丸ビルの建設現場の真ん中に三階建てぐらいの高さのコンクリート・ミキサーを造って、トラックで砂利と砂をどんどん運び込んだ。そして、機械で材料を自動的に計量してこねたコンクリートを打ち込んでいった。

小さな失敗はあったものの上々の結果だった。砂利と砂の無駄をなくして、工期を大幅に短縮することができた。

重役は大喜びして、私を大変評価してくれた。恐らく、それが原因なのだろう、私は在籍一年ちょっとで機械部の係長に昇進してしまった。

その時分の土建業はすることが派手で、何かにつけてお金をもらえたし、自由に会社の金を使えたから、私は自分の給料袋を三カ月くらい開けたことがなかった。

若いのに熱心だし、思い切ったことをやるというので、機械部の部長や工場長から大変かわいがってもらった。

そこへ、大学から呼び出しがきた。

念願の自動車会社へ

私はすぐに大学に駆けつけた。

プリンス自動車の設計者が一人亡くなった、と教授がいった。

「欠員募集がきたんだけど、櫻井、どうだ、行かないか」

清水建設にいても自動車に関係する仕事ができた。まして、破格の待遇を受けていたから、私は返事を保留して会社に戻り、小出さんという機械部の工場長に事情を打ち明けて相談した。

私は出世など望まないし、金は生活に困らないだけあればよいと考えている。問題は限られた時間を何に使うか。早くから決めていた自動車づくり屋になる機会が、ようやく私にめぐってきた。そうした思いを私は率直に語った。

小出工場長は大変優秀な方だった。

「櫻井はここにいる男じゃない。ここにいたら、いずれ頭打ちになる。建築、土木を出た者でなければ上には行かれない。本来の機械屋の仕事に就け」

実にはっきりとした口調でいって、その場で、プリンス自動車あてに推薦状を書いてくれた。

行く先は誕生して間もない極めて小さな自動車会社だ。戦時中、立川飛行機などで飛行機の設計をしていたエンジニアが一念発起して自動車づくりに転身し、六年前にスタートを切ったばかりである。大手建設会社の清水建設に比べたら、大人と赤ん坊以上の違いがある。並みの上司なら慰留するところである。それなのに、小出工場長はまったく違う反応をしてくれた。

エンジニアが就職先に選ぶ基準は会社の規模ではなく、業種だということを、小出工場長はよく理解していたのだろう。部下の将来までちゃんと読み切っていて、その熱い思いを即座にくみ取って、エンジニアとして行くべき道を示し強く支持して後押しする。つまりは会社の枠を超えて判断できる方だった。人の上に立つ人間はかくあるべしの姿を、私は小出工場長から学んだ。

私は大学の推薦状のほかに清水建設の小出工場長の推薦状を持参して、プリンス自動車の就職試験を受けた。

面接のとき、担当重役が私に質問した。

「君は何で清水建設みたいなでっかい会社を辞めて、こんなちっぽけな貧乏会社に来る気になったのかね」

まさか、こんな常識的な質問をされるとは思わなかった。正直いって、私はがっかりした。あとで私を「スカイライン」の設計担当者に起用する外山保さんなのだが、そのときはせっかくの意気込みにいささか水を差された気持ちで、「貧乏会社、結構です。私は土木や建築より自動車がやりたい。小さい会社のほうが、かえって働きがいがあります」。

私は内心むっとして率直にいった。

結局、私はプリンス自動車に採用されて、技術課に配属になった。昭和二十七（一九五二）年十月のことだった。

翼を失った飛行機会社

私が転職したとき、プリンス自動車は「たま自動車」といっていた。立川飛行機の試作工場長をしていた外山保さんが、敗戦で仕事がなくなったため、後の日本郵船社長菊池庄次郎氏、大倉商事常務堤和夫氏に相談して興した会社である。

会社は小さかったが、山之内正一さん、日村卓也さんなど、極めて優秀な飛行機設計者を擁していた。米軍の「軍政下」でガソリンの入手が困難な時代だったから電気自動車の試作から始め、旧太田自動車の「オオタ号」のシャシーにモーターを取りつけて「たま号」を世に送り出した。発足当時の社名は「東京電気自動車」だった。たま号はトヨタ自動車の「電化号」、日産自動車の「ユニバーサル」などとともに、昭和二十三（一九四八）年三月、商工省主催第一回電気自動車性能試験に臨み、十二項目中の十一項目でトップの成績を上げ、一躍、会社の存在を知らしめた。

東京電気自動車はたま号の大成功で社名を「たま電気自動車」に変更、朝鮮戦争で電池をつくる鉛の調達ができなくなってガソリン車に方向転換したとき「たま自動車」になり、私が入ってすぐ「プリンス自動車」に社名変更した。

たま自動車は社運を賭けて、私が入社する半年ほど前の三月にガソリン自動車「プリンス」を発売したばかりだった。その評価が高まって、社名がプリンス自動車になったわけである。

設計課長は田中次郎さんで、課長代理が日村卓也さんだった。私は自動車の設計を教わるつもりで入ったのだが、一週間もたたないうちに先輩が席に来て、「櫻井君、ステアリング・ナックルの設計を教えてくれよ」といった。

自動車なんて、飛行機から翼を取っただけじゃないか。まだ、その程度の認識しかなかった時代である。

しかし、ちょっと、待てよ。

私はびっくりして、すぐに考えた。

おれはそういうことを習いに来てるのに、教えてくれというような先輩にはついていかれないぞ。自分でやらなきゃ駄目なんじゃないか。

もう一つ驚いたのは、飛行機の設計をやってきた人ばかりだから、自動車の運転ができる者がほとんどいなかったことである。私の入社番号は五〇一番だから、それまで五百人の社員が在籍しているはずなのに、運転できるのはかつて自動車部隊にいた伊藤さんという検査課長、もう一人は慶應大学の自動車部から入っていた奥井という学長の息子がいるだけ。大型免許を持つ私を含めてたったの三人……。

R380で試走

自動車づくりに関しては、まったくの素人集団だとわかった。

がくぜんとすると同時に、それを契機として、私は学生時代には考えられないほど勉強して、『シャシー&ボデー』などの原書を徹底的に読み出したし、テスト走行のおぜん立てもし、ドライバーまで務めるようになった。

正反対な二人の教え

技術課に来たころ、会社はプリンスAISHという車をつくっていた。日村卓也課長代理がいきなり私に命じた。

「櫻井君、チェンジレバーのリモートコントロール装置の図面を描いてくれないか」

当時の国産車はトランスミッションのチェンジレバーが床からじかに出ていた。それを外車並みにハンドル脇に据えろというのである。

そんなこと、いきなりいわれたって、できません—口まで出かかったけれども、ほかにシャシーの設計を担当する者がいなかった。

課長代理の日村卓也さんは職人肌の技術屋で、穏やかに物をいう人だったが、私に命じることは厳しかった。自分が持つ飛行機で培ったノウハウのすべてをこいつにたたき込んでやろう、接していてそんな意気込みがひしひしと伝わってきた。

日村さんの家は文京区本郷にあった。日村さんも、私も、よく夜遅くまで残業した。私は鶴見から通っていたから、中央線の御茶ノ水駅まで帰り道が一緒だった。日村さんは最初は私と少し話してから、吉祥寺駅で買った『内外タイムス』をむさぼるように読みふけった。娯楽色の強い肩の凝らない新聞だった。難しい技術書ばかり読んでいないで、たまにはくだけた内容のものに目を通してギア・チェンジしろということなのだろう、日村さんは御茶ノ水駅が近づくと新聞を畳んで私によこした。

「おい、櫻井、ここところは面白いぞ。読んどけ」

面倒見のよい人で、私の人間形成にまで意を用いてくれた。私は日村さんを人間的にも尊敬していたから、そういう何でもないやりとりがうれしかったし、毎日、一緒に帰るのが楽しかった。

家に帰るとおふくろはすでに眠っていた。おやじは亡くなって、私はおふくろと二人で暮らしていた。私を教育者にするのが両親の夢だったが、それをだましだまし技術者の道を歩んできた。おふくろはあきらめて何もいわなくなっていたが、日村さんとは正反対に厳しい人で、まだ現役をつづけていたから、「男子たるもの惰眠をむさぼるなかれ。よい仕事をしようとするからには不必要に眠ってはいけない。若い男は五時間も眠れば十分」と口癖のように私にいった。だから、私は二時ごろまで会社から持ち帰った仕事をしてから、おふくろを起こした。おふくろはそれから自分が勉強して、朝飯をつくって眠っている私を起こし、一緒に家を出るというのがわが家の暮らしだった。

病身のころの私は大事にされたが、元気になってからは一転して、厳しくしごき抜かれてきた。それが一人っ子でありながら頑張り屋といわれた私の土台を築いた。

世の中の制度、組織、理論にしても、人格にしても、完ぺきはあり得ない。反対の要素を加味して欠けた部分を補わなければ完全には近づかないという。振り返ってみれば、日村さんとおふくろという正反対の教育者に恵まれたことが、後の私のためになった。

「車と一体」が哲学に

国産車の胚胎《はいたい》期であった当時、自動車の設計者は外車を参考にして、ノウハウを取り入れるのがふつうだった。私はいすゞが輸入販売していたヒルマンを参考にして図面を描いた。他社同様にまったくの猿まねだった。よくわからずに図面を描いたから、しばしば間違えた。気づくと慌てて機械工場に駆け込んで、図面を直してまわった。

「悪いけど、ここはこう直してもらえませんか」

機械工場で働く職人さんたちは、飛行機づくりに長く携わってきた人ばかりで、みんな熟練した腕を持っていた。間違いに気づいては息を切らせて直しに来る私を気の毒に思って、文句一ついわないで応じてくれた。

ところが、強度不足で売れた自動車の台数分だけクレームになってはね返ってきた。国産車は故障して当たり前と思われていた時代だから、今日のようなリコール問題にはならなかったが、私は自分がなさけなくて仕方がなかった。

他人がやったことをまねするから、こういうことになるんだ。これからは他人のまねをしない自動車づくりをやろう。すると、手本になるのは何だろう。

結局、私は自動車以外に手本を求めることになった。車は四輪で動く。動物も四本足である。少年時代、海老名で一緒に暮らした動物たちの走る姿が脳裏によみがえった。

いっそ彼らに学ぼう。馬のように人間を乗せて走ることができて、馬のように車が人と意を通じ合えるようになれば、本当の乗り物になるはずだ。

このときに何げなく考えたことが、終生変わらぬ私の自動車づくりの哲学になった。

しかし、あくまでもそれは理想であって、現実にはいくら頑張っても、決してできるわけのものでもないし、昭和二十八（一九五三）年にスカイラインの設計に着手して以来、いつまでも完成しないできた。だが、今もって私はあきらめないでいる。後継者が現れさえすれば、哲学を持つ自動車は、さらに理想に近づく……。

それはさておき、課長代理の日村さんから次に設計を命じられたのが、プリンスＡＩＳＨのサスペンションだった。

同じシャシー関係でも、サスペンションは、とりわけ自動車独自のものである。自動車関係の技術文献を読むと、エンジン関係のものより、サスペンション関係のほうが圧倒的に多かった。日村さんは飛行機屋だったから、不均一な路上を走る自動車と空を飛ぶ飛行機の違いにいち早く気づいて、「自動車づくりのキーポイントはサスペンションである」という持論を抱いていた。日村さんはそのために招かれたといってもよかった。

日村さんは生まれたばかりの子猫をなめる母猫のように、苦心して学んだことを惜しむことなく私に伝授してくれた。

それはそれとして、私は私なりに考えた。

馬はコーナーを曲がるとき、体を内側に傾けて遠心力をうまく殺すが、自動車はそれをまったく無視した設計になっている。電車も同じだが、自動車の場合は、レーシング・コースでやっているように路面に傾斜を設けて解決するほかないのである。

車で解決できないかと考えたのだが、なかなか思うような設計が思い浮かばないで試行錯誤を繰り返すうちに、プリンス自動車がエンジンを発注してきた富士精密工業と合併する話が持ち上がった。

新車が次々と話題に

昭和二十九（一九五四）年四月、プリンス自動車は富士精密と合併した。富士精密は中島飛行機の技術者が設立した会社で、たま自動車時代にエンジンを発注して以来、プリンス自動車が提携してきた相手である。エンジンと車体を別々に受け持っていた両社が合併して、トヨタ、日産に負けない車をつくろうという機運が、一気に盛り上がった。

プリンス自動車の開発部は三鷹市下連雀にあった。一方、エンジンをつくる富士精密の工場が荻窪にあって、両社が合併したとき、のちにスカイラインと命名される新車に取り組む設計チームはそこへ移った。

のちに設計チームに割り当てられたフロアは大変広くて二階にあった。老朽化した部屋の真ん中がへこんでいて、少し大きな地震があったら抜けそうだった。夜、一人でぽつんと部屋の真ん中で仕事をするとき、隅にある壁がかすんで見えないほど広かった。

中島飛行機時代、私たちが入った部屋に、女子挺身《ていしん》隊員が徴用されてきて働いていたという。そのうちの一人が仕事がつらくて首をつって、今も幽霊が出るといういわくつきの部屋だったから、すぐに奇妙なうわさが立った。一人残って図面を引いていると、誰かが背後からのぞく。振り返ると、白くて透き通ったような服を来た若い女性がいるというのだ。とうとう会社へ来なくなってしまった者が出て、全社にうわさが広まってしまった。しかし、私たちは意に介しなかった。

富士精密には、かつて中島飛行機時代に、零式艦上戦闘機（ゼロ戦）に搭載するエンジン「栄《さかえ》」の主任設計技師を二十三歳の若さで務めた中川良一さんという、ずば抜けて優秀な飛行機屋がいた。

戦時中、優秀な技術者はみんな飛行機の設計に進んだ。富士重工は中島飛行機の流れを汲み、三菱は自分のところで飛行機を造っていた。プリンス自動車の技術者は立川飛行機から来ていたから、大半が飛行機屋からの転身組である。それにピカ一の中川さんがいる富士精密が加わって、中島飛行機、立川飛行機という二つの飛行機会社の技術陣が一つになった。

「飛行機屋が、トヨタ、日産という自動車屋の牙城に殴り込みをかけるのだから、後塵《こうじん》を拝するようなことがあってはならない」

中川さんは「開発に必要なのはクオンタム・ジャンプ（発想の跳躍）だ。大胆に跳べ」といった。以来、それがプリンス自動車設計課の空気になった。だから、何をやるにしても新しい試みに挑戦した。新車を発表するたびに、「すごい車が出た」と話題になって、プリンス自動車工業でなく「自動車工学株式会社」といわれるようになった。それがプリンス自動車の技術レベルを引き上げたのだと思う。

日村さんに加えて、中川良一さんという先生を得て、私のクオンタム・ジャンプに拍車がかかった。

プリンス自動車に入らなかったら、世間にいわれるような「挑戦的なスカイライン」も「スカイラインの櫻井」もなかったろう。選択肢はプリンス自動車しかなかったのだから、これも一つの運である。以上が、私がスカイラインの設計にかかわるまでの経緯なのだが、まだ、「スカイライン」の名は生まれていなかった。

スカイラインと命名

昭和三十（一九五五）年三月のお彼岸の休みを利用して、私は志賀高原へスキーに出かけた。私は会社だろうが、家だろうが、自動車の設計に没頭する毎日を送っていたから、いかに好きですとはいえ、時にこうしてガス抜きする必要があった。上司の勧めで知り合って、そろそろ結婚を考え始めていた社内の女子社員が山好きだったことも、多少は影響したのかもしれなかった。

夜行の汽車の床に新聞紙を敷いて眠って、未明のうちに駅に着いて、バスで丸池の下まで行く。登山靴の下に輪カンジキを履いてスキーの板をかついで、雪の上を歩いて熊ノ湯に着いた。クマを飼っていたから、熊ノ湯の名がついたらしい。

当時の志賀高原は今日のようにリフトなどなかった。初日は「のぞき」というところまで歩いて登って雪の状態を確かめ、「これなら雪崩の心配はなさそうだ。よし、あした登ろう」と決めて、熊ノ湯に戻って一泊した。

　翌未明、雪が締まって雪崩の危険が少ないうちに、横手岳を目指して出発した。輪カンジキを履いて、一歩一歩、つぼ足を使って、途中、鼻血を出したりしながら、苦労して頂に到着した。空は快晴で、白銀の山並みが輝いていた。照り返しの陽の光が顔に焼きつくようだった。ヤッケを脱ぎ捨て、毛皮を尻にぶら下げて、輪カンジキをスキーに替え、そう快に風を切って渋峠まで一気に滑降した。志賀平の小屋でぶどう汁をお相伴に預かって、ふと振り返ると、黒に近い濃い青空の下に白く美しくたおやかな稜線《りょうせん》がつづいていた。

　私は小屋番の人に尋ねた。

「おじさん、あれは何ていう山」

「あれが、今年、三人遭難して死んだスカイラインだよ」

「きれいだねえ」

初代（1957年、1500デラックス　ＡＬＳＩ）写真提供：日産自動車

おれが造っている今の車も、あんなきれいな車になったらいいなあ、と私は感動しながらしみじみ思った。

家に帰ってから、また会社へ行き来する生活に戻って、開発中の自動車の設計に取り組んでいくうちに、車名をどうしようかと相談が持ち上がった。当時は専属のデザイナーも、コピーライターもいなかったから、デザイン、コピーまで設計者が考えることになっていた。苦心して造った車だから下手な名前をつけられては困ると思って、私は慣れない頭を使って一生懸命考えた。

今もそうなのだが、そのころ、薬品の名前には竜角散、トクホンのように語尾が「ン」で終わるものが多かった。愛され、親しまれる理由が、何かそこにあるのだろうと思って、私は「スカイライン」と紙に書いて会社に提出した。

外山社長が見て、「こりゃあ、いい」と気に入ってくれて、以来、初代からずっと「スカイライン」になった。

最高のプレゼント

プリンス自動車は中島飛行機、立川飛行機から来た技術者ばかりだ。飛行機にも車輪はついているが、平らにならされた地面を滑走して、離陸後は着陸するまで無用の長物で、あとは邪魔物扱いされてきた。だから、飛行機の設計ではエンジンの性能が重視され、車輪は軽視されてきた。

ところが、自動車はどんな悪路でも接地性がよく、安定した走りを生み出さなければならない。もちろん、エンジンの性能は大事だが、足まわりのサスペンションの良しあしが生命である。肝心のその部分が技術的に遅れていたし、バネについて書いた本を蔵書として持つ人もいなかった。

サスペンション関係の技術に通じれば、少なくともプリンス自動車で設計の第一人者になれる。だとしたら、自分で勉強するほかないと心に決めて、私はバネについて学ぶことから始めた。

東京大学の亘理教授が板バネについて興味を感じさせる論文を書いているという。私は亘理教授の論文を一心に探し求め、バネ協会が発行した四冊一組の論文集の中にあることを突きとめた。有り金をはたけば買えるのではないか、行けば何とかなるだろうと考えて、すぐにバネ協会に向かった。

バネ協会は屋台などが並んだごみごみした烏森の町並みの中の、みすぼらしい建物の二階にあった。

私は飛び込んでいきなり、「論文集を売ってくれ」といった。

しかし、値段を聞いて往生した。

清水建設からプリンス自動車へ移籍したため、私の月給は半分以下に減っていた。到底、私には手の出ない金額だった。会社は貧乏だから、出してくれそうになかった。

私は応対に出た職員に必死の思いで訴えた。

「とても一度には払えないから、とりあえず亘理先生の論文が載った分だけでも、売ってくれませんか」

バネ協会の技術部長大里徳至郎さんが、おもむろに席を立って来た。

「君、どこの会社」

「プリンス自動車です。設計課で、シャシーを担当してます」

「そうか、確かに君の会社は貧乏だよな」

プリンス自動車はバネ協会に入っていたが、会費が滞りがちだった。大里徳至郎さんがつづけていった。

「よく来た。そうやって勉強する若い奴が、おれは大好きなんだ」

大里徳至郎さんは、四冊全部、書庫から出してきて私に差し出した。

「ただでやるから、しっかり読め」

予想もしなかった成り行きだった。私は胸が詰まってしまって、どう答えたらよいのかとっさにお礼の言葉が思い浮かばなかった。

「忙しいのか」

「本も頂いたし、すぐ読みたいんです」

「今日はいいじゃないか」

そうして連れていかれたのが料亭の「治作」だった。

料亭で熱く語った夢

戦後の貧しい時代のことだ。食べるだけに必死の世の中に、料亭を使う人がいると思うだけで、世界が違う気がした。そこへ、初めて会ったまだ駆け出しの私を誘って、当時としては特別の鳥料理を食べさせて、もてなしてくれた。

そうやって勉強する若いやつが、おれは大好きなんだよ。

ただ、それだけの理由で……。

目の前に並んだのは、わざと日に当たらないようにして飼った鳥肉を水炊きみたいにした鍋料理で、もちろん、ごはんには麦も芋も入っていない。広い部屋で二人きりで、夢を語りながらそれを食べた。たまらなくおいしかった。

「ぼくは、人車一体、そういう自動車をつくりたいんです」

「そうか、そうか」

「ぼくの考えでは、重ね板バネを三枚にできたら、格段に乗り心地がよくなるはずなんです」

「ほお。そんなことが、できるのかね」

「そのために、論文集が、どうしても欲しかったんです」

「役に立ちそうか」

「そりゃ、もう、役に立つどころか、四冊もちょうだいして、ごちそうまでしてくださって」

「君のような若者と話ができて、おれもこんなうれしいことはない」

いつ開いても美しくてうれしい「わが人生」の一ページだ。

私は感激して心に誓った。

「よおし、将来必ず、おれはここへ人を呼んで、ごちそうするぞ」

若いときに感動し、感銘を受けたことは、生涯を通して記憶に残るといわれるが、大里徳至郎さんにごちそうになった「治作」の料理のうまさが、私はいつまでも忘れられなかった。

大里徳至郎さんは後に中央発条に移ったが、時々、お目にかかったし、音信を欠かさなかった。スカイラインという車に出会い、櫻井ファミリーを育て、マスコミに取り上げられるようになったとき、どこかで大里徳至郎さんが見ていてくれると思うだけで、大きな励みになった。せめても近況を報告することが、私の義務でもあり恩返しだと肝に銘じていた。

三十五年余の歳月を経て、私は日産を出て系列のオーテック・ジャパンを設立、社長に就任したとき、迷わず「治作」で役員会を開いた。

そして、治作のおかみに話した。

「実は、三十五、六年前……思い出すと、今でも涙が出ちゃうんだよ」

大里徳至郎さんに連れて来られたことをかくかくしかじかと話すと、治作のおかみは涙ぐみながら熱心に耳を傾けた。

当時、私のような若い者が「治作」で食事をするのは、それこそ雲の上に昇るような大それたことだった。

それから幾星霜、時代は激しく代わり、人情も移ろい、世の中が昭和元禄をおう歌し、すでに治作のような料亭は格別珍しくもなくなっていたが、長く心にあたためた宿願をついに果たしたという喜びには格別に深い味わいがあった。

幅九十ミリの板バネ

トヨタ、日産に負けない技術の粋を結集しようというのが、初代スカイライン開発の合言葉だった。みんなその意気込みで取り組んだ。

私はどんな悪路でも、良路でも、安定した走りをする車にしたいと真剣に考えた。

バネの上には車体だとか、いろんな道具がついている。バネの下にはタイヤなどがある。バネ下重量を可能なかぎり軽くしようとして、方程式を自分でつくって、計算を重ねて、バネ下重量を軽くすることは乗り心地をよくすることではなくて、接地性をよくすることだと気がついた。

ドディオン・アクスルといって、ファイナル・ドライブをバネ上に積んで、バネ下をできるだけ軽くし、接地性をよくすることを私は試みた。

専門用語ではヒステリシスといっているが、バネにはフリクション（摩擦）があるので、荷重変動が小さいときはバネとして働かないで、同体で動いてしまう。接地性をよくするためには、板バネ間の抵抗を小さくする必要があった。

昔の車の板バネは四十五ミリ幅、厚みが六、七ミリもあった。それを八枚から十枚重ねて板バネとして使っていた。板間《ばんかん》にこする部分がたくさんあるとフリクションが生じてしまう。フリクションが出ると、荷重をかけているとき、荷重を取り除くとき、いずれもすぐには元に戻らないで、ある程度、荷重が変動してからたわみ出す。これをヒステリシスという。

つまり、フリクションが多くなってしまうと、乗り心地が悪かったり、安定性が悪いので、それをどうにかしようということで、もう亡くなられてしまったが、東京大学の亘理教授が「板間接触法」を学説として打ち立てた。

私は亘理学説を参考にして、「よし、板バネを三枚にしてやれ」と決意した。ところが、計算すると、板の幅が九十ミリで、厚さが七ミリでないと成り立たない。

当時、ＳＰ６というバネ鋼があった。シリコン・マンガンで、それが一般的だった。

「こういう鋼材をつくってくれ」

私はバネ屋さんに注文した。

ところが、どこへ行って頼んでも、そんなの無理だという。

「そんなものは出来ない。割れちまう」

私はそれでもあきらめないで、江東区の砂町の三菱鋼材に足を運んだ。私の説明を聞いて技術部長が提案した。

「櫻井さん、それでしたら、シリコン・マンガンじゃなくて、マンガン・クロムの材料を使ったらいいんじゃないですか。焼き入れ性がよいから、割れないかもしれない。とにかく、やってみたらいかがでしょう」

「じゃ、それで試作しよう」

試作してみたら、たまたまうまくいった。出来上がった三枚バネはしなやかだったが、九十ミリだから幅が広くてお化けみたいになった。しかし、バネ下重量が減って、板バネ間の摩擦が少なくなったので、操縦性・安定性が格段に向上した。

挑戦に終わりはない

ところが、どうしたことか、試作車の板バネがすべて折れてしまう。本来、ストレスがかかるはずのないところで折れていた。亘理理論からすると、到底、考えられないトラブルである。

すぐ上の上司が私に命じた。

「直ちに昔のようなバネに戻せ」

「要求した性能を出すには、三枚板バネでなければ駄目なんです。どうしても戻すとおっしゃるなら、私をクビにして、ほかのメンバーでやってください」

私には「計算では絶対折れない」という確信があった。

「何か、ほかに、原因があるんです」

結局、一歩も退かなかった。

田中次郎部長がさらに上の中川良一さんにいいつけた。

「櫻井に会社をつぶされちゃう」

私は中川さんに呼ばれて事情をただされた。

「ジローさんが、櫻井に会社をつぶされるといってるぞ。どうなんだ」

「折れてることは事実です。しかし、必ず原因があるはずですから、何が原因なのか、私は徹底的に追究します」

「そうだ。おれも失敗を数え切れないほどやってきた。駄目だから元に戻すというのでは、いつまでも進歩しない。元に戻すというようなやり方はするな。櫻井が正しいと思う通りにやれ」

発想の跳躍――クオンタム・ジャンプを唱える中川さんだけのことはある。人の上に立つリーダーはこうでなければならないと感銘して、私は試作の現場に向かった。

三枚板バネをフレームに組みつけ、すぐ脇で溶接作業が行われていた。溶接の火花が飛び散って、板バネに注いでいた。

あるいは、ひょっとして……。

私はひらめくものがあって、溶接の職人さんに声をかけた。

「せっかく、溶接しているのにもうしわけないけど、板バネをはずしてもらえませんか」

火花を浴びた三枚板バネを実験室に持ち帰り、顕微鏡にかけてチェックすると、破断個所に脱炭層が生じていた。私は試作課に頼んで、溶接する前に、三枚板バネにキャンバスの布をかけて作業してもらった。私の直感が当たって、板バネが折れるトラブルは、ぴたりと収まった。

中川さん、日村さん、いずれも私が心から尊敬する技術者だった。いつか、この二人の先輩を超えてやろうと、毎日毎日、私は心の中で自分にいい聞かせていた。

これぐらいで満足したら駄目だ。三枚バネでこれだけの接地性と安定性が得られるなら、次は一枚バネにしてやろう。

挑戦に終わりはないというのが、私のモットーの一つである。成功とか、満足は墓に入るとき、感じられればよい。さらに試行錯誤を重ねて、重ね板バネが一般的とされる時代に、ついに私は一枚板バネを実現した。

「火の玉集団」だったファミリー

スカイラインを開発する前のこと、すなわち櫻井ファミリーから「オヤジ」と呼ばれてはいなかったころ、私は今では考えられないようなむちゃをした。私と後の櫻井ファミリーはまだ先輩・後輩の間柄だった。

日光のいろは坂へ走行試験に行った。

そのころの私は、後輩に「あれしろ、これしろ」とよくいった。

「ブレーキのパイプ、漏っちゃうと危ない。きちっとよく締めておいてくれよ」

後輩たちは私にいわれた通りにした。

ところが、昔のブレーキ・パイプは銅でできていて、口が朝顔の花のように開いていて、そこを締め込んでいくのだが、あんまり強く締めたものだから、花びらに当たる部分が切れてしまって、リア・サスペンションのリヤーアスクルの上あたりでブレーキの油が漏れて、止まらなくなった。今なら、当然、自動車をトラックに載せて、自分たちは電車かバスで帰るところである。

それなのに、「待てよ。前のブレーキはどうにか利くんだから」と私は考えた。早速、銅パイプを折り曲げてたたいて、針金で縛って油が漏らないようにした。それで帰って来たのかというと、そうはしないで、いろは坂に向かって猛スピードで登って、下って、ものすごくハードな試験をしたうえで引き揚げた。

考えてみれば、向こう見ずで命知らずだった。後輩たちも同様で、私がハンドルを握る車に平気で同乗してきた。

「ブレーキ抜けたら、おまえたちも一緒に死ぬんだぞ」

「はい、結構です」

怖かったことは怖かったけれども、私はうれしかった。

私の運転は「曲乗り」といわれていた。無謀運転という意味ではなく、運転技術がそれほどすぐれているということだったと思う。ただし、会社は私に多額の保険をかけていた。曲乗りは半ば公認だったのである。

後にファミリーになる連中は、そんな私を信頼してくれて、櫻井が死ぬんならおれたちも死ぬ、という気持ちになってくれたのだと思う。若さゆえの勢いというべきか、弾みというべきか、櫻井ファミリーは最初からインフォーマルな火の玉集団だった。

それがプリンス自動車の社風でもあった。

中島飛行機、立川飛行機で、飛行機のエンジンを設計していた「ヒコーキ野郎」たちが、結果として戦争に負けてしまったとはいえ、「敵に負けるな」を合言葉に寝食を忘れて没頭した。ヒコーキ野郎というのは、職位の階段にはあまり魅力を感じないで、何をやりたい、何をつくりたい、それしか頭になかった。アメリカに勝つことが唯一の目的だったから、真っ先に技術を高く評価した。

そういう火の玉魂を戦中世代の私がまず受け継いで、後輩たちに引き継いだ。そうした構図が底辺にあって、戦後日本の技術立国が実現したのではなかったか。

壊れないブッシュを求めて

まだスカイラインが生まれる前、私はプリンスＡＩＳＨのシャシーの設計を担当していた。当時、板バネのブッシュ（部品同士の結合部分に使われる部品）には黄銅の金属で中に炭素鋼で出来たピンが入っていたのだが、それをゴムにしようということになった。三枚板バネの研究試験と同時進行だった。

プリンス自動車はブリヂストンの資本だったから使用する防振ゴムはすべてＢＳ製だった。それがよく壊れた。日本交通に収めたプリンスＡＩＳＨの新しいラバー・ブッシュのゴムが破けたと聞くと、タクシーが街へ流しに出る前、私は市谷のたまり場へ出かけて行って修理した。私が設計した車だったから自分で行って、ブッシュを抜いては入れ替えるというのが、毎日の日課になってしまった。

ところが、板バネのところにはめたブッシュがうまく抜けない。

運転手さんが集団で私のまわりを取り囲んでいった。

「おまえが設計したのかよ。こんなろくでもないことやるから、おれたちは大変なんだ」

どうやったら、運転手さんたちに時間を待たせないようにできるか、一心に考えて、ブッシュを抜くためのブッシュ・プーラーという工具を自分でこしらえた。

しかし、根本的な解決にはならない。何とかうまくブッシュが出来ないものか、と考えるようになった。

東海ゴムという会社が三重県の四日市市にあった。住友系の資本だったから、もともと、質のよいゴムを持っていた。ラバー・ブッシュは鉄板にゴムを押しつけてつくるのだが、東海ゴムが大変な接着技術を持っていることが、だんだんわかってきた。

私は東海ゴムに勉強させながら同社製の防振ゴムやラバー・ブッシュを使ってみたいと考えた。けれども、最初は東海ゴムと競合するブリヂストンに気兼ねする会社に反対されて、なかなかできなかった。

エンジンの設計ではどこにも引けを取らないのに、自動車づくりの生命線といわれるシャシーの設計はほとんど素人に近い——というのが、プリンスの体質だった。そのシャシーの設計を担当する以上、独学の研究もさることながら、社外にすぐれたネットワークを築く必要があった。

会社がいけないというなら、個人的にやってやろうと考えて、東海ゴムの小林雄治さんに話を持ちかけたところ、「よしきた。おれがつくってやろう」ということになって、月に一回、私は東京駅から大阪の湊町駅行きの夜行列車「伊勢」「大和」を利用して四日市の東海ゴムに通うことになった。

私も、小林さんも、二年間、無報酬だった。

鉄パイプの中にさらに細い鉄のパイプが入っていて、しんになる内側のパイプにピンを差して両端をボルトとナットで締める。そして、双方のパイプの間にゴムを詰めて振動を吸収する。構造を簡単に説明すると、これがラバー・ブッシュというものだ。ところが、使っているうちにゴムが切れてしまう。

機械屋がゴムの勉強

これでは駄目だというので、私は考えた。内側のパイプと外側のパイプが力を受けて、ねじりが加わる。ゴムにテンションがかかってしまうからではないか。

内側のパイプに台形の山型にしたゴムを二つモールドして、それを外側のパイプに真っすぐ押し込むことにした。

結局、ゴムにテンションがかからない圧縮する力で山型が押しつぶされて、ちょうど具合よくゴムを詰めた状態になった。ゴムは引っ張りに弱いが、圧縮する力には強い。以来、ラバー・ブッシュが破断することはなくなった。

東海ゴムの小林雄治さんと私が二年かけてつくったラバー・ブッシュの耐久性は自動車の寿命より長かった。世界で初めての技術だと、日本の自動車業界にセンセーショナルが巻き起こった。

私がやってきたことがブリヂストンにわかってしまったが、自分たちの及ぶレベルではなかったから、発注は東海ゴムに出すことを認めた。

プリンス自動車は、それを契機に、自動車の至るところに効果的にゴムを使うようになって、防振ゴムだけは東海ゴムに発注できることになった。

これがスカイラインのメンテナンス・フリーの端

JARI 谷田部コースでの著者（左から２番目）

緒になった。

二年もかけて教えたから、私には東海ゴムの手のうちが読めていた。ふつうは型を成型してから製品になるまで二カ月かかるものでも、無理をいって一週間でつくらせた。そのうち、「櫻井というのは、とんでもない技術屋だ」といわれるようになって、神様呼ばわりする者まで現れ、東海ゴムでは「どんなに難しくても、櫻井というサインがある図面が出てきたら、絶対にできないといってはいけない」と申し合わせたという。

結果として、東海ゴムはどこよりも進んだ技術を身につけた。

その後も、機械屋なのに、私はゴムの勉強に打ち込んだ。

加硫ゴムといって、天然ゴムに硫黄を加えながら、弾性体に変えていく技術などを勉強した。今はなくなってしまったが、当時、自動車のドアには三角窓がついていて、ヒンジを支点にして開閉できるようになっていた。三角窓に取りつけるゴムは痛みやすくてつくるのが難しかったし、三角窓のゴムの型というものを自動車メーカーの者はまだ誰も知らなくて、車体屋が図面だけ描いて出しても不具合が多くてつくれなかった。

プリンス自動車から東海ゴムに車体屋が描いた図面がいくと、「こんな型はつくれない」といって図面を返してくる。時間が無駄になるだけなので、「ここはこう直さないと型が成り立たないよ。そういいなさい」とアドバイスしながら、東海ゴムを育てていった。

やがて、私のやっていることが会社にわかってしまって、「東海ゴムに見せる前に、櫻井に意見を聞こう」ということになった。気がつくと、プリンス自動車の人間でありながら、いつしか私は「櫻井ラバーカンパニー」と呼ばれるようになっていた。

中島飛行機の社風

私は三十一歳で課長に嫌々なった。同じ大学の三年先輩の下にいた私が、その人を部下に持つことになってしまった。私は一人っ子で育ったので兄も、弟も、どういうものか知らなかった。これまで上司として接してきた人を部下に持つ自信が持てなくて、悩みに悩み抜いた。

後輩の数も一気に増えて大勢になる。従来からの後輩のように、火の玉となってついてきてくれるかどうか。

人って何だろうか。

考え抜いた末に、会社に頼んで、当時、等々力にあった産業能率大学の夜間講座に通って、心理学、大脳生理学などを勉強し、人間の深層心理を研究した。

心理学を学んだ者ほど人の心を理解しない。ちまたにはそのような流言があると聞く。机上の学問から抜け出られないからだろう。しかし、私には小学校、中学校、大学、櫻井ファミリーを通じて培った経験があった。

私はガキ大将には違いなかったけれども、力を誇示したこともないし、脅して無理強いしたこともなかった。前を向いて駆けようとする者に「こっちへ行ったほうがいいぞ、あっちへ行ったほうがいいぞ」と声をかけなければいけないと思っていたが、逆に、水を飲みたくない牛に「あっちの水がいいぞ」というようなことは、私にはできなかった。水を飲みたくない牛を飲みたくするということもしなかった。いつも、何か、共通の興味ある物事を目的として、どうやったらうまく達成できるか、創意工夫を示して仲間の気持ちをつかんできた。これまで積み重ねた経験が、そっくり理論に合致した。

また、よき先輩二人が手本になった。日村卓也さんは能書きを垂れる人ではなくて、知ったかぶりせず、実際にやって手本を示される方で、本当に地道な技術屋さんだった。何かにつけて飛行機屋時代に培った技術を私に教えてくれた。日村さんに次いで、中川良一さんが「発想の跳躍」を促してくれた。そういう生きた手本も私に自信を与えてくれた。私がこれと思ったことに挑戦することを恐れない性格を培うことができたのは、中島飛行機の技術者魂のおかげだと思う。

立川飛行機だけのプリンス自動車に入った当初は、「しようがねえなあ」と思うこともないではなかったが、中島飛行機の流れをくむ富士精密と一緒になってからは、「中島の社風」というものに育てられた。職位の階段でおどおどすることもなかったし、自分が正しいと信ずることに思い切ってチャレンジできる空気があった。あれがなければ、今の私はなかったと思う。

若いころに清水建設の作業員の赤裸々な生き様に浸ったことも、櫻井ファミリーの結束に役立った。学問的な理論の裏づけを得たことで、以来、悩むことはなくなったし、ひらめきや経験だけで突っ走るのではなく、必ずデータで確かめるようになった。それ以後、向こう見ず、命知らずに、絶対的な自信が加わった。

二代目スカイライン

スカイラインは、とにかく、挑戦的な車だった。二代目の開発に入るときになって、通産省に頭のいい人間がいたのだと思うが、日本の自動車会社に対して、現在保有する車種を増やさないようにという内示があった。

当時、小型の枠は一五〇〇ccまでだった。スカイラインが一五〇〇ccで、「G1エンジン」という素晴らしいエンジンを搭載していた。中島飛行機出身の技術者が戦後になって造った。そのときは富士精密という会社になっていた。エンジンは富士精密でつくって、シャシーや車体はプリンス自動車でやろうということになって、それぞれにやっていた。ところが、両社の九割以上の株を持つブリヂストンの石橋正二郎会長が、二つの会社にしておくのは感心しないといい出して、富士精密とプリンス自動車が合併し、社名が富士精密になった。合併してすぐ、「プリンス」という車がすごい自動車だと評判になったため、社名を再びプリンス自動車に戻した。

プリンス自動車は一五〇〇ccと一九〇〇ccのエンジンを同じボディーに積載して売り出していたが、通産省の通達に従って、「よし、うちには二車種あるのだから、今のようなやり方でなく、スカイラインとグロリアに分けてしまおう」ということになった。一五〇〇ccのエンジンを積んだ車をスカイライン、一九〇〇ccのエンジンを積んだ車をグロリアという名前にした。

当時のボディーはセドリックなどと同じ大きさだった。それをグロリアにして、二代目のスカイラインは少し小さめのファミリーカーにしてトヨタのコロナ、日産のブルーバードのクラスにぶつける車にした。従って、スカイラインのルーツは二代目が本来で、初代スカイラインはグロリアのルーツになる。

二代目のスカイラインの途中から、私が全体のリー

２代目（1963年、1500デラックス　S50D）写真提供：日産自動車

ダーを務めた。

人間の体を見ても、年寄りでも食事をして適当にディスチャージ（放電）していれば、ひじでも、ひざでも、腰にしても、これといって特別なことをしないでも動くじゃないか。自動車だって人間の間接に当たるジョイント部分にグリースをつけて、特別に油を注《さ》さなければ走らない。世界中の車がそうだったが、そんなのおかしいじゃないかと思った。

自動車からグリスニップルを取ってみせる。

私は設計室のいすの上に立って、「おれはやるぞーッ」と大きな声で宣言した。

「また、あのばか」

と笑われた。

しかし、徹底的に詰めて、とうとう二代目のスカイラインを出すときには、自動車からグリスニックをすべて取り払ってしまった。旧中島飛行機の技術陣も、「櫻井さんがやるなら、おれたちもやるぞ」といってエンジンを封印してしまって、オイル無交換ということに挑戦を始めた。

自然の摂理に逆らわない。

それが、スカイラインの設計フィロソフィーになった。

金より時間が欲しい

スカイライン設計チームに賞が設けられて、中川良一さんから私に声がかかった。

「おまえに苦労させせちゃったなあ」

中川さんには私に対して「もうしわけない」という気持ちがあったのだと思う。私が櫻井ファミリーに対して抱きつづける気持ちと同じだった。私は苦労など少しも感じていなかった。それなのに賞をくれるという。

中川さんがさらにいった。

「賞与もできるかぎり出すからな」

中川さんに対して冗談半分の気持ちで、私は試みに質問してみた。

「賞与の多いのと少ないのと、どれぐらい差があるんですか」

中川さんの返事では差はなきに等しかった。別に多く欲しいという欲張りな気持ちで聞いたわけではないが、差がないならもらわないほうがましだと感じた。

「結構です。私はお金より時間が欲しい。お金でくれるよりも、私に限って一日の時間を二十五時間にしてくださいよ」

「無理いうなよ」

中川さんが笑って代案を示した。

「だったら、世界を一周して、いろんなものを見て来いよ」

仕事はしないでよいから、五十日間世界一周旅行をしてこいという。

ドルの持ち出しがまだ禁止されていた時代、部長も、課長も、海外出張に一度も出たことがなかった。仕事で出張するのでさえ難しいのに、まったくの遊びで行けというのである。実に破天荒な褒美だった。

私は音楽が好きだったから、ウィーン少年合唱団やオペラやのコンサート鑑賞を第一候補に挙げた。ゴルフは社内でも誇れる腕前だったので、第二候補として場所を選んだ。何しろ五十日間もあるのだから。遊びとはいえ自動車会社を見学しないわけにはいかないし、F1レースを見物するのも悪くない。最後に常夏の国ハワイで思い切り羽をのばしてこよう。あれもして、これもしてと少年時代に帰った気持ちで、楽しみながら計画を立てにかかった。

見ているうちに中川さんは自分も行きたくなってしまったらしい。

「おい、櫻井。おれも行くぞ。こういうのはどうだ」

中川さんが私に相談を持ちかけてきた。

「羽田を出るまで、おまえは、おれのカバン持ちだ。ただし、出たら、もうカバン持ちじゃない。

それこそ弥次喜多道中で、二人で世界一周しようじゃないか」

まさに夢のような提案だった。

二代目スカイラインは従来の常識を完全に覆して、メンテナンスフリーという型破りなことをやってのけたが、責任者の中川さんはもっと型破りだった。実行部隊の私に対する褒美もそれに似つかわしく型破りだった。プリンス自動車そのものが中川さんと私に遊びで「五十日間世界一周」を許すほど、型破りで自由な気風に満ちたすてきな会社だった。

中川さんと世界を見聞

費用は会社持ち、世界で遊ぶ。これほどぜいたくなことはなかった。ヨーロッパ一の峠パッソ・デ・ステレビオを二人で走ったり、ゴルフをしたり、ウィーン少年合唱団のコンサートやオペラ鑑賞を楽しんだりする合間に、ベルギーのフランコルシャンでF1レースを見学した。

後にスカイラインで日本グランプリに参戦することになるのだが、このときはまだ念頭にもなかった。あくまで遊びとして見た。

ピットの屋根に上がると、ウワン、ウワンとエンジン音が響く。

「すげえな、櫻井」

「うーん、八千回転くらいでしょうかね」

毎分のエンジン回転数である。

「いや、一万回転はいってるだろう」

目を閉じてにおいを嗅ぎながら、中川さんが私にいった。

中川さんがかいでいたのはエンジン潤滑油のひまし油が焼ける独特のにおいだった。戦前の戦闘機のエンジンはひまし油を使っていたから、忘れかけていた当時を懐かしく思い出したのだろう。

次の訪問予定がダイムラーベンツだったので、その日はブリュッセルのホテルに投宿した。興奮して眠れないでいる私の枕許で、夜半、電話のベルが鳴った。

「おい、櫻井。おれは決めたぞ。帰ったら素晴らしい高性能のレース用エンジンをつくる。だから、おまえがシャシーをやれ」

唐突だった。

中川さんも眠れないで考えていたのだろう。

私はレースには関心がなかったが、技術の粋を集めた「マシン」をつくってみたいという欲求はあった。

「はい」

答えてから、私は生つばをのみ下した。

異国の地で、心から尊敬する先輩と、こんなかたちで、夢を語り合う。これ以上ない心のきずなを感じて、私は胸が熱く躍った。

その後も、ベンツやフォルクスワーゲン、英国のスミスなどの大手自動車会社を訪問した。しかし、それが旅行の主目的ではなかった。ウィーンには自動車会社などなかったのに、場末に修理工場を見つけて、視察の名目にして向かったのである。あくまでも、ウィーン少年合唱団、オペラ鑑賞が主目的だった。

最後は常夏の国ハワイで優雅に時を過ごした。

いざ帰国という段になって、「息子のみやげにギターを買いたい」と中川さんがいい出した。私はとっくに金がなくなっていたので、「会計係をやる」といって、中川さんから財布を取り上げてしまっていた。

「櫻井、金を出せ」

「新品を買う金はないから、中川さん、中古で我慢してよ」

「おれから金を取り上げておいて、そりゃねえだろう。しようがねえな」

ところが、それが意外な名器だった。むしろ、息子さんは大喜びして、今でも大事にし、昔語りに話すことがある。

中川さんと私の弥次喜多道中は、こうして終わった。

第三章　伝説は生まれた

惨敗だったグランプリ

昭和三十七（一九六二）年、三重県鈴鹿市に「鈴鹿サーキット」が誕生した。ホンダが造った日本初の本格的なレーシングコースだった。翌三十八（一九六三）年五月、鈴鹿サーキットを会場にして第一回日本グランプリ自動車レース大会が開催された。

当時、国産車には本格的なレーシングマシンがなかった。欧米のようなチューニングの技術を持つ自動車会社もなかった。欧米のレーシングマシンが参戦するメーンレースは最初から度外視して、各クラスのサポートレースが主戦場と目されていた。

排気量別に分かれた各クラスを制覇すれば売り上げに直結する、という営業的な意図が先行していたように思う。

プリンス自動車はスカイラインスポーツとグロリアを参戦させた。

出すからには、エンジンをチューニングアップする必要があった。もちろん、エンジンに合う足（サスペンション）も変更しなければならないところだった。しかし、大会規定は、「エンジン、サスペンションに手を加えないこと」とうたっていた。ここに大きな落とし穴があった。

だから、プリンスは大会規定をきっちり順守して、メーカーとしてのチューニングアップを一切行わないまま、出場各車を参戦させた。しかも、スカイラインスポーツの内装は本皮張りで、手づくりでなかなか凝ったものだったために、車体がかなり重かった。それらを取り除くだけでも少しは違ったのだが、それさえもやろうとしなかった。ところが、他社はすべてレース向きにチューニングアップした特別仕様車を参戦させてきた。

トヨタ、日産、いすゞ、ダイハツ、富士重工など、いずれもスカイラインを上まわるスピードで走っていた。なかでも、トヨタのコロナの速さが際立っていた。明らかにみんなチューニングアップしてきていた。

プリンスチームがそれに気づいたときには、本格的なチューニングアップをするだけの時間がなくなっていた。結局、大人と子どものレースになって、スカイラインスポーツは負けるはずがないと信じていた三菱コルト一〇〇〇にさえ追いつけず、惨敗を喫してしまった。

結局、トヨタのコロナが一位から三位まで独占し、文字通りの圧勝に終わった。

大会規定に違反してチューニングアップした他社が常識的で、ばか正直に決まりを守ってチューニングアップをしなかったプリンスが非常識だった、というのが周囲の受けとめ方だった。

チューニングアップして上位をほぼ独占したトヨタは、「日本グランプリ優勝」の実績をキャンペーンに利用して売り上げを一気に伸ばし、日産、いすゞ、ダイハツ、富士重工などいずれもどこかのクラスで勝っていて、それを宣伝に利用した。レースで負けたプリンスは散々に不評をこうむって、販売から「どうしてくれるんだ」と苦情が殺到した。

S50でグランプリに再挑戦

私はレースのグループとは関係なかったから、当日、櫻井ファミリーを連れて鈴鹿サーキットに行って、ヘアピンカーブの上からレースを見物していた。

「今度はゼッケン何番の車が来るか賭《か》けよう」

まるでやじ馬気分で楽しんだ。

ところが、先頭で走って来るのは他社の車ばかりだった。

日本グランプリの結果が、車の売り上げに大きな影響をもたらした。次のレースで好成績を残さなければ会社の存続が危ぶまれるとさえいわれた。日本グランプリ惨敗の火の粉が、まわりまわって私の身に降ってくることになろうとは予想もしなかった。

「ばか正直にも程がある。他社はみんな手を加えていたではないか。うちだけそのまま出すとは何たる不心得だ。次は必ず勝て」

中川良一さんが石橋正二郎オーナーにしかり飛ばされて戻ってきた。

「弱っちゃったよ。来年は絶対に勝てと上からいわれた。櫻井、どうするよ」

中川さんは私に考える時間も与えないで、つづけざまにいった。

「車の運動特性とか、そういうことにかけては、櫻井しかいない。エンジンはおれが責任持つから、レースに勝てる車をつくってくれないか」

五十日間世界一周旅行の途中、ブリュッセルのホテルで中川さんが誓った言葉を、「ああ、あれだな」という感じで私は思い出した。

私は二つ返事で引き受けてから、自分が受け持つ仕事の後継者を打診した。

「ところで、私の仕事は誰にやらせるんですか」

「何をっ。櫻井がやるに決まってるじゃないか。今の仕事はそのまま続けて、レースのほうもやるんだ」

あっと驚いたが、もう後の祭りだった。

私が車両全般のチーフ、青地康雄さんが走行実

メカニックたちと一緒に押しているのはR382

験のチーフに任命された。

かくして、私はスカイラインのS50型とグロリアにレースチューニングを施し、第二回日本グランプリに挑戦することになったのだが、本心を明かせば勝ち負けにこだわるレースはあまり好きではなかった。

レースはドライバーのテクニックでカバーされる面があるし、相手のトラブルといった運もある。時と場合によってはマシンの性能以外の要素で結果が左右されてしまう。だから、レースそのものにはあまり面白みを感じなかった。

しかし、負けるのはもっと嫌だった。レースに出るからには面白くしよう、造る以上は勝てる車にしようと思って、私は真剣に取り組んだ。

第二回日本グランプリに備えて、中川良一さんが統括責任者、田中孝一郎さんがレースの責任者になった。スカイラインのエンジンを開発した岡本和理さんもレースのチームに加わった。

二〇〇〇ccへの決断

基本的には大きいエンジンを搭載し、それに見合う足（サスペンション）を組み合わせれば速い車が出来る。フィーリングをどの車よりもよくすることは可能である。しかし、私が目指したのは、そういう方向ではなかった。

自動車の魅力は足にある。あくまでも二〇〇〇cc以下というエンジンの枠の中で、すごい性能を引き出すことが目標だった。常に小型車という一定の枠を課して、「スカッとした抜けるようなフィーリングのクルマ」づくりを目指した。

自動車というものは、まずコンセプトがあって、次にシャシーをどうするか考え、一枚の紙にすべてを描いていく。エンジンは自分が設計するわけではないので、エンジンルームのスペースは取るが、どのように設定するかは後まわしにした。だから、エンジンの設計には口を出さなかった。エンジン屋を信頼して任せ切っていた。

ただし、エンジンを車載してからは、レスポンスが甘いとか、トルクカーブはこれでは駄目だとか、バルブまわりの抜けが悪いからリフトを変えろとか、非常にやかましくいった。エンジン屋も私の横に来て、「ああでもない、こうでもない」と夜遅くまで議論しながら改良していった。

こうして試作車ができると、鈴鹿サーキットに持ち込み、私は自分でハンドルを握って性能を試験した。ツーリングカー一六〇〇(T―V)クラスのレースに出して勝てるだけの走りはしているのだが、なぜかフィーリングがしっくりこなかった。問題を感じたのはスプーンカーブに差しかかったときだった。コーナーなので、減速して入るのだが、その後、立ち上がるとき、アクセルペダルをいくら強く踏み込んでも、加速が望むようにいかなかった。

サスペンションの設計には自信があった。事実、サスペンションに不具合は何もなかった。原因はエンジンにあると思った。

私が理想とするエンジンは、直列六気筒だった。エンジンの回転がスムーズだし、バランスが気に入っていた。G1型から始めて直列四気筒できていたが、テスト走行を繰り返すうちに、S50にも直列六気筒二〇〇〇ccのエンジンを使ってみたらどうか、という考えがひらめいた。

グロリアが搭載している直列六気筒のエンジンを使えば、グランドツーリングカーレース（GTⅡクラス）でも勝てるのではないか。

私は鈴鹿から荻窪に飛んで帰って、本社の役員に掛け合った。

「スカイラインに二〇〇〇ccのグロリアのエンジンを積めば、グランドツーリングカーレースでも勝てる」

「そんなばかな」

役員はだれ一人として取り合わなかった。

GTⅡレースに参戦するためには、出場公認に必要な百台分をつくらなければならないし、何よりも時間がなかった。

それでも、「できる、やれる」と私は主張した。

「勝てる」車ができた

役員の一人がからかうような口調でいった。

「おい、大丈夫だろうな。スカイラインＳ50にグロリアのエンジンなんか積んだら、車体が振りまわされてしまうぞ」

私は信念を持ってきっぱり答えた。

「そんなことはないです。きっといいものをつくります」

「まあ、いいだろう。やってみろよ。君にはいろいろ苦労させているからな」

「これをやっておけば、将来、必ず生産車に生かされるはずです」

「そんな寝言みたいなことといってると、今の言葉を取り消すぞ。おれの気が変わらんうちにさっさと仕事にかかれ」

本当に取り消しそうな感じだったが、

「ジローさん、櫻井がここまで自信を持っていうのなら、大丈夫なんだろう。櫻井につくらせてやろうよ」

中川さんが強く後押ししてくれて、ＧＴⅡレースへの参戦が実現した。

私はスカイラインS50型の改良に取り組むために、第一車両設計課から第二車両設計課に移った。それを一番喜んだのが、島田勝利だった。彼は大洋ホエールズのエース島田源太郎の名からあだ名をちょうだいして、「ゲン」と呼ばれていた。後で本人から聞いたのだが、「オヤジさんが向こうに移れば、しばらくおれは息抜きができる」と、そんなことを考えていたらしい。しかし、向こうといっても、部屋は同じである。

私はしばらくしてからゲンに声をかけた。

「ゲン、ちょっと、こっちに来い」

「何でしょう」

「レース車をやることになった。生産車と掛け持ちで忙しい。おまえをこっちに呼ぶ」

思っているのとは正反対に、ゲンはうれしそうに笑みを浮かべた。

ゲンは優秀で、使い勝手のよい男で、「オヤジに頼まれたら嫌といわない」と広言していた。私もゲンを必要とした。

役員会で強気に押したものの、スカイラインS50型の直列四気筒のエンジン室に、グロリアの直列六気筒のエンジンを押し込むのは不可能だった。結局、新たに開発したS54型は、S50型よりホイールベースが二十センチも長くなったために、「まるで胴長のダックスフントのようだ」といわれた。

こうして六気筒エンジンは収めたが、車両性能としてバランスが取れなかった。テストしてみると、ハンドルを切るたびに車体がねじれ、思うようにカーブを曲がることができなかった。補強材を当てて車体剛性を高め、ようやく曲がれるようにした。すると今度は、エンジンの回転トルクに耐えられないで、後輪が暴れ出した。トルクロッドを追加して上下方向の力を抑え、ようやく後輪のトラブルを解決した。

S54型がものすごい勢いで走り出した。

レースの二カ月前になって、「これなら十分勝てる」という車がようやくできた。S54型は参戦するレース名を取って、「スカイラインGT」と命名された。

904に度肝を抜かれる

昭和三十九（一九六四）年五月、第二回日本グランプリのグランドツーリングカーレース（GTⅡレース）に、私はスカイラインGTを自信を持って送り込んだ。

ところが、公式練習に入る直前、それこそ突然という感じで、まるでエイのように地面をはって走るマシンが現れた。

見ていて、私は度肝を抜かれた。

「あれは何だ」

R380の試走。左端のヘルメットをつけているのが著者

「ポルシェ904ですよ。櫻井さんが鼻をのばしたスカイラインGTと、同じカテゴリーで走るらしいですよ」

説明を聞いて、私は驚いた。

「ばかいえ。あんな地面にぺったんこについたエイみたいなのと、一緒に走れるか」

ポルシェ904をエイにたとえれば、スカイラインGTはさしずめダックスフントだった。最初から勝つ見込みがなくなった。

第二回日本グランプリレース当日を迎えて、スカイライン一五〇〇はツーリングカーレースの一位から八位を独占して圧勝したものの、果たして、スカイラインGTはGTⅡレースでポルシェ904の後塵を拝してしまった。

ポルシェ904のドライバーはトヨタの契約ドライバー式場壮吉氏で、スカイラインGTは生沢徹さんが運転していた。ポルシェ９０４が予選でクラッシュした。私は青地康雄さんと見ていて、正直なところほっとした。ドライバーが無事だったし、これで邪魔者は消えたという思いだった。

ところが、ポルシェ９０４は徹夜でボディーを修理して、本選ぎりぎりに間に合わせて出走してきた。スカイラインＧＴはこれを激しく追って七周目に追いついて、カーブで抜き去った。日本車が欧州のスポーツカーを抜いたというので、鈴鹿サーキットに大歓声が巻き起こった。

結局、また抜き返されてしまったが、スカイラインＧＴは二位から六位を占めた。

スカＧとポルシェ９０４のこのつかの間のデッドヒートが、第二回日本グランプリのハイライトシーンになって、後日、マスコミをにぎわした。そのおかげで、出場資格を取るために造った百台のスカイラインＧＴは、たちまち売り切れて、中川良一さんは会社に対して大いに面目を施した。

日本人の民族意識の高揚もあってのこと

1964年第２回日本グランプリで、ポルシェの前に出たスカイライン（写真提供：日産自動車）

だろう、スカイラインGTは「スカG」の略称で親しまれ、「羊の皮を被った狼」と形容された。

しかしながら、スカイラインGTとポルシェ904の性能の差は歴然としていた。私にとってはレースの勝ち負けなどどうでもよかったのだが、性能において対等でなかった、フェアな勝負ではなかったという思いが強かった。あんなことが許されるなら、技術の競争など無意味になってしまう。

「よし、こいつ負かしてやろう」

今度は性能的に対等の立場で黒白をつけてやろうと決意した。ポルシェ904に対するスカイラインGTの敗北が、私の負けじ魂に火をつけた。

打倒ポルシェを果たす

ポルシェ904に雪辱を果たすために、私はR380の設計に着手した。

昭和四十（一九六五）年に予定された第三回日本グランプリレースは中止され、翌年に持ち越されて、舞台も鈴鹿サーキットから富士スピードウエイに移ることになった。

R380の開発はそれにつれてややスピードダウンさせられたが、昭和四十年五月には試作一号車が完成した。レースが行われれば間に合ったわけである。

R380は国産車では初のプロトタイプレーシングカーだった。空気抵抗を小さくし、重心を低くするために、車高を極端に抑え、ドライバーズシートを地上すれすれの十センチの位置に置いた。

エンジンは国産初のＤＯＨＣ４バルブ直列六気筒を搭載していた。

歴史のある欧米と違って、市販車しか造ってこなかった日本の自動車会社にとっては、レーシングマシンの開発はまるで未知数だった。プリンスチームはポルシェ９０４を負かすという目標を持っていたから、いち早く挑戦できたのだと思う。

プリンス自動車村山工場のテストコースでＲ３８０を試走させることになった。

国産のレーシングマシンの性能は未知数だから安全は保証できない。だから、私が慣らし走行のテストドライバーを買って出た。「曲乗りの櫻井」の腕はまだ落ちていないはずだった。時速二百キロに達したとき、エンジンオイルの片寄り、ミッションの不具合、車体前部が浮くなどの小さなトラブルが生じたが、ほぼ完成の域に達していることを感じ取った。

改善を重ねて、スピード記録に挑戦するため、本職のテストドライバーに委ねた。

Ｒ３８０はぐんぐん加速して、スピード記録を更新した。しかし、その直後、Ｒ３８０はサスペンションにトラブルが生じてクラッシュしてしまった。

幸いなことにテストドライバーは無事だったけれども、私は徹夜で修理しながら、人の命を預かるものをつくる恐ろしさにおののいて、「このまま開発を続けてよいのか」と自問自答した。

レーシングマシンの開発に欠けるものは経験である。危険を覚悟し、時間をかけなければ経験は得られない。今、自分にやれることで、経験に代わるものはないだろうか。

悩んだ末に思いついたのが、サーキットをどのくらいのスピードで走ることが可能か、計算機を駆使して走行条件をデータ化することだった。コースの路面やマシンのエンジンの状態などから、ラップタイムを計算して弾き出し、その通り走らせた。

給油時間を短縮するために、ピットの天井にガソリン容器をぶら下げて、わずか十秒に縮める工夫もした。

こうして第三回日本グランプリレースを迎えた。相手はポルシェ９０６に変わっていた。プリンスチームはＲ３８０を四台参加させて、ポルシェ９０６に挑んだ。うち二台でワンツーフィニッシュを決めて、ポルシェ９０６に雪辱を果たした。

同じベクトルを持つ「結束」

Ｒ３８０はレーシングカーに関して経験ゼロからの開発だったから、私は「経験の浅さを補うにはどうすればよいか」を一心不乱に考えた。そのもう一つの結論が、能力、忍耐、根性、馬力など、すべてにおいて同じベクトルを持つチームの「結束」だった。

要求されるのは不眠不休に近い極限での結束である。単にコミュニケーションを図るというような生易しいことで、得られるものではなかった。不平不満がわずかでも入り込んだら、結束は消し飛んでしまう。

だから、私は受け持ちでないテスト走行でさえ率先垂範した。

R380の試作一号車ができたとき、性能が未知数のレーシングカーに誰も乗ろうとしなかった。最高時速三百キロと聞けば、誰しもしり込みするのは当然だろう。

私にも別の意味で知っている怖さがあった。

いきなりフルスロットルで発進すると、がーんという衝撃がきて体がうしろに持っていかれた。二百キロのスピードでバンクに差しかかると、「ああ、今、あのボルトに力がかかっているな、大丈夫か」と不安がよぎる。エンジンの爆音に混じってミシッと音が聞こえると、「いけね、フレームのあそこ溶接でやらせちゃったけど、やっぱり中にパイプを入れておけばよかった」とか、いろんな思いや後悔が走馬灯のように浮かんでくる。人にこんな怖い思いをさせちゃいけないと思う。

設計した人間が最初に乗る、というのが私のモットーだった。

責任者としての義務であるとか、設計者が実際に乗ることで図面の段階では気づかなかったことがわかるとか、理由やメリットはあとからつけられるが、そういうことは考えなかった。

テスト走行を終えて戻ると、島田ゲンが私をいさめた。

「オヤジさん、慣らしも済んでいないのに、いきなりあんな走り方したら、危ないじゃないですか」

ゲンにいわせると、普通のドライバーは、車が出来上がるとそろそろ押してみるとか、エンジンをかけても始めは静かに走ってようすを見る、それから徐々にスピードを上げていくのだという。

私は私のやり方しか知らなかった。

「飛行機のテストを考えてみろ。落っこちたら、お陀仏だが、こっちはバンクでひっくり返るのが関の山だろう」

こんなオヤジについてきた櫻井ファミリーもかなりの猛者だった。

彼らは私に対してすべてにおいて挑戦的だった。もちろん、よい意味での挑戦である。彼らの挑戦を真っ向から受けて、常に実力ではね返すのが、「親分」「オヤジ」と呼ばれる私の責務だから、私もまた私なりに彼らに挑戦した。図面の線一つも見逃さず、心がこもっていないと感じると、すぐに突き返した。私が目を通すR380関係の図面だけでも、膨大な数だったが、瞬時にして不具合を見抜く力に彼らは舌を巻いた。

双方の挑戦からベクトルが生まれ、こうして一つの方向により合わさっていった。

結束のバロメーター

櫻井ファミリーは残業は当たり前、徹夜も辞さずの勢いで、R380の開発に取り組んだ。しかし、そんな毎日を送っていても、若くて馬力のある彼らは息抜きすることを知っていて、ちゃんとぬかりなくやっていたらしい。

残業が続いたある晩、誰かが「月見酒をやろう」といって、みんなが職場で飲み出した。へベレケになって守衛所を出たところで、二人ばかり轟沈《ごうちん》して道端で寝込んでしまった。

二十四時間勤務の守衛さんは、当然、ほっておかない。

翌日、私は人事部長に呼びつけられた。

「君んところは、櫻井一家なんていわれてるそうだが、もう少しちゃんと若い者を監督してくれなくちゃ困る」

昨夜のマグロ事件を聞かされて、私は質問した。

「二人が寝たのは、会社の中ですか」

「いや、門のすぐ外だ」

「だったら、いいじゃないですか。会社に迷惑かけたわけじゃなし」

「そうじゃない。飲んだ場所が問題なんだ」

会社の中で酒を飲むのは規則違反だった。私は人事部長にこってりしぼられて席に戻ったが、ファミリーには何もいわなかった。

仕事のミスには厳しく対処したが、仕事以外のことではファミリーをしからない。プライベートなことに関して、相手から相談を持ちかけられないかぎり、健康面の問題を除いて、こちらからは声をかけないことにしていた。

ある日、ひょうきんな性格でみんなに人気のあるファミリーの一人が、青ざめた顔で私のところに相談にきた。

私は出勤したばかりだった。どうしたんだと聞くと、「おチンチンが痛い」という。

「小便をしたら、飛び上がるほど痛かった……会社へ来たら治ると思ったけど、やっぱり飛び上がるほど痛い」

私は経験がないから痛さはわからなかったが、すぐにぴんときた。

「そりゃあ、淋《さび》しいほうの病気じゃないのか。どうなんだ、おまえ、どっかで、安いの買ったんだろう」

「ええ。二、三日前の晩、新宿で、すごく奇麗な娘に声をかけられたから、つい、買いました」

「若いんだから、そういうこともあるだろう。いつでも使えるように、プロテクターぐらい用意しとけよ。どこでもいいから、出張のハンコ押して、早く病院へ行って来い」

やがて、昼近くになって、その男がさわやかな顔で病院から戻った。

「おい、どうした、どうだった」

「淋病《りんびょう》じゃなくて、単なる冷えでした、へへへへ……」

私は涙がこぼれて仕方がなかった。

事もあろうに成績を査定する立場の私に、親兄弟、友達にもいえないようなことを、真っ先に打ち明けてくれたからである。これ以上ない櫻井ファミリーの「結束」のバロメーターだった。

二分割ウイングが誕生

日本グランプリに挑戦して、次々に勝ち続けていくうちに、「エンジンはどんなに大きくてもよい」と無制限になった。

プリンス自動車の母体の一つ、中島飛行機はエンジン屋だったから、早速、中川良一さんが念願としてきた国産の高性能エンジンの開発に取り組んだ。しかし、時間的に間に合わなかった。アメリカのカンナム・レースに着目して、シボレーのV8エンジンを代用することになった。お月さまを意味するMOON（ムーン）というチューニング・エンジンで、それを買いに渡米した。

結局、エンジンの排気量がいきなり増えて、シャシーの設計を一からやり直すことになった。

私はまず富士スピードウェイのコーナーを計算した。普通の設計では、内側の車輪が浮いてしまって、コーナーで車体が滑ってしまうことがわかった。

内側の車輪をどうやって押さえつけるか。

コーナーに差しかかったとき、鉛の錘《おもり》が内側に移動する装置を考えた。だが、それでは車体が重くなって、直線走路でスピードが減殺されてしまう。いろんなことを試みているうちに、体重が極めて軽い鳥が器用にUターンする姿を見て、大きな羽をつけたらどうかと考えた。

左右の羽を動くようにして、バネ下を路面に押しつけてしまおう。

こうして、二分割ウイングが誕生した。

外見では羽が車体から生えているように見えるが、実際は車軸に接続していて、コーナーに差しかかると二分割された内側の翼が下を向き、外側の翼が上向きに立って、そのとき生じる空気の力で内側の車輪を押さえつける仕組みになっている。

ウイングには油が「行って来い」になっているピストンがついていて、ボディーがローリングすると油の移動に応じてピストンが押されて、自動的に安定が保たれる。

あるいはまた、ドライバーがブレーキを踏み込むと、両翼が同時に立ち上がる仕組みになっていて、空気ブレーキの役割も果たした。

後部の車輪を微妙な感じで斜めに傾けて、普段はほんのちょっとのトルクがかかっただけで、タイヤが下に押しつけられるようになっていた。

プリンスの技術陣は自動車屋だが、かつての中島飛行機は飛行機屋だったから、こういうことがすぐにできてしまう。

二分割ウイングはＮＡＣＡ０００９という翼形を使っている。早速、レースで使った。ぶっち切りの完勝だった。自動車マスコミは「怪鳥現る」の見出しで、その驚きを表現した。「羽ばたく二分割ウイング」という見出しも紙面に躍った。

次のＲ３８２を設計するときにはＮＡＣＡ２３０１５という二分割ウイングに改良して使うことにしていたが、翌年から羽をつけてはいけないということになって、レースには使えなくなってしまった。

コーちゃんの励まし

五十日間世界一周旅行をしたとき、中川良一さんがブリュッセルのホテルの真夜中の電話で、高性能のレース用エンジンの開発を宣言してから、しばらく多忙の日を送って、なかなか着手する気配を見せなかったのだが、着手するとなると少しも手を緩めなかった。念願のエンジンができてレース用マシンＲ３８２に搭載することになった。しかし、私が設計したシャシーとうまくかみ合わず、十月が目標とする期限だったのに九月になっても真っすぐ走らなかった。あらゆる手だてを講じたが、どうにもならない。

会社に大変な金を出させて使って、結局、今年は駄目だ。

私は極度に落ち込んで大変に悩んだ。

田中孝一郎さんが開発の責任者として中川さんと私の間に部長としていた。私は田中孝一郎さんのところへ行って頭を下げた。

「もうしわけありません。私の能力で精いっぱいやってきましたが、どうやっても思うように走りません」

設計に問題はないはずなのに、富士スピードウェイに持ち込んで走らせると、車体がふらついて真っすぐ走らない。状況を具体的に説明して、さらにいった。

「しかし、まだ、ひと月あります。私に代わって誰か適当な人がいたら、替えてください」

わが力及ばずという思いだった。

田中孝一郎さんも中島飛行機から来ていた技術者だった。

「櫻井、わかった」

田中孝一郎さんがうなずいてくれた。

「だけど、これだけは、わかってくれ。おまえができないんだったら、当社の誰がやったってできないんだ。だから、当日まで頑張ってうまくいかないなら、それでよしとしよう。要するに、会社の力がそれしかないということなんだ」

そこまでいわれたらしようがない。翌朝早く、富士スピードウェイに戻って、再び試験走行に取りかかっていると、田中孝一郎さんが運転手を連れて見にやって来た。ところが、われわれが仕事をしているところへ近づこうとしないで、遠くからじいっと見ていた。

来て何かいってくれればいいのになあ。コーちゃん、おれたちの邪魔になると遠慮してるのかなあ。そうかといって、櫻井に泣かれちゃったんで、見に来ないではいられなかったんだろうなあ。

私たちは田中孝一郎さんを「コーちゃん」と呼んでいた。私はコーちゃんの気持ちを思いながら、昨日、いわれたばかりの言葉を思い出した。

おまえで駄目なら、それが会社の限界なんだ。

結局、田中孝一郎さんは何もいわずに帰った。私はコーちゃんの情熱的な温情にむち打たれた。

こりゃあ、どうにかしなきゃならない。やらなきゃならない。

私はフンドシを締め直して、もう一度、モチベーションを高めにかかった。

明け方の部品交換

出直したものの、やはり、どうにもならない。逃げ道のない窮地でのたうちまわって、思考が極限に達したところで、突然、ひらめきが走って、はっと気がついた。

おれは一生懸命やってるけれども、エアレーションを起こしているのかもしれないぞ。ショックアブソーバーが、これだけ高速になって動きが激しくなったので、中で泡になって、煮えくり返っているのではないか。そのために減衰力がなくなって不安定になっているのではないか。

メカニックや試験走行を受け持つ「自動車屋」と呼ばれる連中が、「駄目だよーッ」と怒鳴って入って来たとき、思わず私はいった。

「ちょっと待てよ。エアレーションかもしれないぞ」

「えっ、エアレーションて、何……」

みんなが車を真ん中に置いて、私を取り囲むように群がって、あたりが水を打ったように静まり返った。

「ショックアブソーバーが煮立っちゃってるのかもしれない。ショックアブソーバーをはずせ。おれは飛んで帰って、ショックアブソーバーが煮立って泡にならないよう、手を打ってみる」

ショックアブソーバーをはずさせて、「あとは適当なものをつけてやっていてくれ」といい残して、私は東名の厚木インターから出て、綾瀬市に向かった。

綾瀬市にあるトキコでショックアブソーバーをつくっていた。そこに勝森さんという技術者がいた。勝森さんは私より少し若くて、なかなかよくやってくれたので押しかけたのだが、群馬に出張しているという。すぐに出張先に電話を入れて、勝森さんにいった。

「エアレーション起こしているみたいだから、中にバッフル・プレートを入れて、ショックアブソーバーのオイルが踊らないようにしたい」

「すぐ戻ります」

勝森さんが慌てて帰って来て、「すぐ、やろう」といってくれた。

二人して徹夜の作業になった。

ようやく、明け方になって、エアレーションを起こさないようなバッフル・プレートをつくり上げて、東名の厚木インターでちょっと仮眠を取って、それから富士スピードウェイに着いた。まだ九時前だった。早速、ショックアブソーバーを付け替えた。

これまで駄目だ、駄目だといっていた車がピタッと収まって、格段に安定した姿勢で一気に走り出した。

みんなで肩を組んで、「よかった、よかった」と大喜びした。

R382の開発を通じて、どんな困難にぶち当たっても、何としても目標をやり通す根性を教わった。

ひとしきり喜びに浸ってから、私はみんなにいった。

「コーちゃんがおれたちを信頼して、これまで出なかった知恵を出させてくれたんだ。みんな感謝しなければいけないぞ」

コーちゃんの情熱的な温情を思い返し、胸に熱いものがこみ上げた。

損得抜きの人間関係

スカイラインでレースに参加するようになってから、私は富士スピードウェイで仕事をすることが多くなった。御殿場の農家の人たちが、いつの間にか私たちのまわりに集まってきて、タイヤを積んで車を押すのを手伝ってくれたり、空の雲を見上げて「この雲だと三時間後には天気がくずれるぞ」と天気を予報し、「あのうちのタイヤのどれを選ぼうか」と使うタイヤのアドバイスまでしてくれた。

そういう人たちは私のことを実によく理解し、信頼してくれていて、

「櫻井なら、こうするだろう」

あらかじめ先を読んで動いてくれた。

日本グランプリは本選の前に予選がある。予選を重ねながらマシンを整備して、最高のコンディションで本選に臨むのである。

レース当日になると、いつの間にか、もう一つのチームが出来上がっていて、

「今日はこうなるぞ」

「いや、違う。おれはこう思う」

勝手に作戦会議を開いて意見を出し合った。

もちろん、こちらからは一度も頼んだことはなかった。損得を忘れて自分たちが持つ能力を自発的に発揮してくれたのである。それだけに数倍してうれしくて、私は農家の人たちの言葉に素直に耳を傾けた。

「よし、今日はこれでいくぞ」

私が決断を下すと、みんな祈るような気持ちで応援してくれた。

一方、ライバルのトヨタ・チームが富士スピードウェイでどういう整備の仕方をしていたかというと、大型の自動車を持ち込んで、夜になると投光器で明るく照らし、昼間のような状態にして、大勢でやっていた。私たちはピットの脇にあるガレージに裸電球を一つぶら下げただけの薄暗い場所で、ねじり鉢巻きで整備した。

富士スピードウェイの人が来て、心配して私たちにいった。

1965年、JARI谷田部コースのスピード記録会で談笑する著者（左から２番目）

「櫻井さん、大変だねえ。向こうはあんなにこうこうと明るくしてやってるのに、これで、あした、大丈夫なの」

私は答えた。

「そういういい方、やめてくれ。おれはどんなにいい条件でも出せないような知恵でやっているんだ。あしたのレースの結果を見てから、そのうえで話をしようよ」

実際、勝つわけだが、富士スピードウェイの人たちは、「櫻井さんのチームは悲壮だ」とよくいった。トヨタ・チームが夜食に豪華な弁当を運び込んで、みんなでおいしそうに食べているのを見て、私たちに同情してくれて、「これ、食べながら、やってよ」と、自腹を切って買ったおむすびとお茶を差し入れてくれた。涙が出るほどうれしかった。

私はレースそのもの、あるいは勝敗などより、御殿場の農家の人々、富士スピードウェイの社員の皆さん、チームの仲間たち、ありとあらゆる人たちの利害損得とはおよそ無縁の腹を割った協力を得られたことが、何よりうれしかったし、存分に楽しんだ。

おれが先に死ぬんだ

若い人たちは疲れている、そろそろ限界だなと感じると、私はみんなに声をかけて定宿にしている米山館に引き揚げた。もちろん、ドライバーは先に帰ってもらっていた。私はみんなが寝静まるのを見届けてから、米山館をそっと抜け出して、車で富士スピードウェイに戻って、明日のための整備を再開した。

恐らく誰かが気づいたのだろう。

「オヤジがいない」

だとすれば、あそこしかないと感づいて、一時間もしないうちに、何人か相乗りで駆けつけてきた。むしろ、彼らは昼間よりも能力を発揮した。疲れているはずなのに驚くほどよく働いた。

レースは雨が降ってもやるから、練習のときに降られても、ぬれた地面に寝っ転がってぐしょぐしょになりながらペタンコなマシンを整備した。私は若い人に「あれやれ、これやれ」とはもういわない。こうと思うと自分でやってしまう。レースの練習が終わってトラックに荷物を積んで、「エイ、エイ、オー」と声を挙げて荷台にかけたロープを締めるとき、私は貧血を起こして倒れてしまった。しかし、若い人に気づかれないように、大変な思いをして体を動かした。若い人たちも一緒になって本当によくやってくれた。

富士スピードウェイの人たちは、そういう私たちの姿を見て、「火の玉集団だ。おっかないくらいだ」といった。

物事を大成するには、よほど、飛び抜けた能力があるか、燃えやすいテーマを取り上げるか、双方そろうに越したことはないが、二つに一つであると私は考えていた。スカイラインが予選・本選を通じて勝ちつづけたのは技術が上だったからだ。そういってくれる人がいたが、私はそうは思わなかった。富士スピードウェイの人たちがいみじくもいったように、オヤジから率先して火の玉になって燃えたからである。そういうことが、結果として成果を挙げるのであって、個人が努力したことでいかに集団が動いたかということではないかと思う。

危ないことがあれば、おれが先に死ぬんだ。

いつも自分にそういい聞かせていた。テスト走行で危険が伴うときは、私がドライバーの役目を自ら口に出さないでも、まわりが私の行動から察してくれて、挑戦者魂が自然に浸透していった。職位が上だから引っ張るというようなことではなくて、おれはこのプロジェクトをリードしなければいけない責任を持たされているのだから、どうやったらみんなを燃えさせることができるか、それしか考えなかった。

考えてみれば、生易しいことではなかった。なぜ、そんなことができたのだろうか。プリンス自動車が中島飛行機の技術的、精神的文化を継承していたからだと思う。もちろん、能力がなければ始まらないのだが、そういう社風が土台としてあるから結束できたので、単にテクノロジーだけの問題ではなかったように思う。

異端児を大事に扱う

同じような文化で育った人間がそろって、ある目的に向かってベクトルを一つにする。楽ではなかったが、余計なことは考えず火の玉集団になれたから、よいレースができたのである。

戦前の美風をプリンス自動車が社風として受け継ぎ、戦前に育った私たちがそれを体現して若い人たちを引っ張った。意図的に火の玉集団をつくろうとしないでも、自然にそうなった。

富士スピードウェイで開催される日本グランプリを目前にして、私がプリンス自動車の荻窪本館に出勤すると、すれ違う女子社員が祈るような口調で声をかけてきた。

「大変だけど、勝ってくださいね。お願いします」

そういう声を絶えずかけられた。

男女を問わず、私たちに向かって、「おはようございます」という人はほとんどいなかった。

守衛さんまで、肩入れしてくれた。

月給日になると、西荻窪の「クロ」というバーのママさんが、よく勘定を取りに来た。守衛所にあるタイムカードの前で私を待ち受ける。

すると、守衛さんが事情を察して私に電話をかけてきた。

「櫻井さん、今、クロのママが来てますよ」

「いけねえ、おれだ」

「櫻井さん、帰りましたかって、聞いてます」

「帰ったといっといてよ」

「いや、その手は通じません。タイムカードは私が押しときますから、裏の塀を乗り越えて帰ってください」

待ちぼうけを食わされるクロのママこそ、いい迷惑だったろう。

守衛さんがそんなことをしてはいけないのだろうが、よいことも、悪いことも含めて、みんながスカイライン・チームを大事にしてくれた。

通勤の自動車用の駐車場が会社の敷地内にあった。入り切れない分は、外に駐車場を借りて間に合わせていた。しかし、外の駐車場は会社から少し離れていた。夜遅くまで仕事するときは、外の駐車場を借りると不便でしようがなかった。

社内の駐車場がいっぱいになると、私は白墨で脇に線を引いて枠を一つ増やして、「ここ、おれのとこ」と守衛さんに宣言して駐車した。

「櫻井さんじゃ、しようがねえなあ」

守衛さんは半ばぼやきながら白墨の上からペンキを塗って、わざわざ駐車枠を一つ増やして「櫻井専用」として使わせてくれた。

今、考えると感心しないことだが、どこへ行っても「オヤジさん」としての扱いを受けた。

世の中全体の枠がきっちり出来上がっていたから、やってよいこと、やってはいけないこと、その境目がはっきりしていた。全体と個の区別も際立っていた。だからこそ全体指向が強まる反面、ない物ねだりで逆に個が尊重され、ヒーロー願望が生じて、私のような異端児が受け入れられたのだと思う。

第四章　スカイラインと櫻井ファミリー

日産技術はライバル

昭和四十一（一九六六）年、プリンス自動車が日産と合併した。ブルーバード５１０とスカイラインが競合する格好になって、私たち櫻井ファミリーは「スカイラインの優秀さを見せつけてやろう」と申し合わせた。

合併は数字に左右される企業経営の面から大所高所に立って決断されたもので、トップにとっては苦渋を伴う英断だったと思う。しかし、プリンスの技術に誇りを抱く技術者にとっては、やがては「日産」の社名に置き換えられるとしても、アイデンティティーとフィロソフィーは失いたくなかった。従って、当面、日産の技術陣はライバルみたいなものだ。技術的なアイデンティティーとスカイラインC10の生き残りを賭けて、日産のブルーバード５１０に挑戦を仕掛け、すべてにおいて優れている

第５回日本グランプリにR382で挑戦

ことを見せつけようとした。

一方、日産はプリンス自動車を吸収合併したのだから、ブルーバード５１０を残し、それを「スカイライン」にしようとした。

双方の技術陣が同席して図面を見せ合った。

私はブルーバード５１０の図面を見て、「こりゃ、駄目だ」と思った。けれども、吸収合併される側だから、まだ物もできていない図面の段階で、「これは成り立たない」というわけにはいかなかった。弱ったなあと思いながら、こちらのほうはほとんど出来上がっていたので、部分的なものをなるべく共通化するということにして、「同じ車にすることはやめよう」と、クビになる覚悟で主張した。

だから、スカイラインが残った。

そのときに、十一年前に苦労して駄目だったブッシュ（部品同士の結合部分に使われる部品）を、向こうは

３代目（1970年、2000ＧＴ-Ｒ ＫＰＧＣ10）写真提供：日産自動車

堂々とやっていた。これでは最初からクレーム待ちになってしまう。技術的に練りが足りないといってあげたいのだが、別々に造ることになったことでもあるし、ましてや差し出がましくいえる立場でもなかったので、「しょうがねえや」とあきらめて黙っていた。案の定、ブルーバードが発売になると同時に、ブッシュが壊れてクレームが山となって押し寄せた。

日産が採用していたのはブリヂストンと鬼怒川ゴムで、まだ東海ゴムは入っていなかった。両社が束になってつくっても、うまくいかなかった。

全体技術の責任者になっていた中川良一さんが私にいった。

「櫻井、何とかしてくれよ」

「嫌だ」

合併はやむを得ないとしても、吸収されるのは嫌だという気持ちで私は断った。

「そんなことというなよ。教えられるのは、櫻井しかいないんだから」

「あとで、仕事がやりにくくなっちゃうから、やっぱり嫌だ」

自動車づくりのチームは一朝一夕にはできないということが、経験的にわかっていた。これからどうなるかわからないときに、第一歩からけつまずきたくなかった。

系列企業の垣根を越えて

中川さんは合併して鶴見と荻窪に分かれた設計のボスだった。荻窪でスカイラインを設計する私たちは心から尊敬していたが、鶴見の日産の技術陣から「マッカーサー」と呼ばれて煙たがられていた。

「そんなこといわんで、どうにかしてくれよ。おれは両方の責任者なんだ。おれにはできないから、おまえが教えろ」

押し問答の末に、「じゃあ、知恵を出すから、中川さんが陣頭指揮してよ」といって、私が間接的にブルーバードにかかわることになった。

私はいった。

「だけど、おれは表には出ませんよ」

中川さんにくぎを刺しておいて、本社にブリヂストン、鬼怒川ゴム、東海ゴムの三社を別々に集めるよう提案した。

日産時代の著者

会議は都合三回に及んだ。三回目に臨む東海ゴムの小林さんに、私は知恵をつけた。

「鶴見の設計は間違っている……小林さん、はっきりそういいなさいよ。そうすれば問題は解決できる」

ブリヂストンも、鬼怒川ゴムも、それぞれに会議でアイデアを出した。東海ゴムの小林さんは、役員とともにそれを受けて「日産の設計は間違っている」と主張した。

「生意気だ」

小林さんたちは相当ひどく怒られたという。

出来レースのようなものだったから、中川さんがなだめて、「とにかく、試作をしよう」といってその場を収めた。

試作の結果は歴然としていた。

それから、東海ゴムは日産とも付き合うようになった。

中川さんが苦労する姿を目の当たりにして、技術者はあんまり偉くなるものではないな、と私は痛感した。

その後、昭和五十（一九七五）年になって、ガソリン車の排ガス対策で、ゴム・ホースが大量に必要になった。東海ゴムは普通のホース屋ではつくれないような特殊なゴムを開発していた。以来、東海ゴムは日産の大きなシェアを占めるようになって、三重県四日市市から愛知県小牧市に発展的に移転していった。

以上が「櫻井ラバーカンパニー」のざっくばらんな後日譚である。

技術に国境はないといわれる。巨視的には確かにそうだが、系列企業間という微視的な局面で垣根を取り払うことは、決して容易なことではなかった。垣根があってはいけないということではなく、それを乗り越える努力の問題である。国境や垣根がまったくなくなってしまったら、一部の技術者のみが創造的な仕事をして、他は猿真似で間に合ってしまう。私の出発点がそうだった。それではいけないのだと気づいた時点に、本当の意味での私のスタートが存在した。

技術的発展は障害物競走の側面を持つから、技術者の能力を開発するためには障害や障壁はないよりあったほうがよい。そうでなければ、かつての櫻井ラバーカンパニーも、東海ゴムの今日もなかったろう。

「ケンメリ」で天の声

何をなすにも目的があり、対象があり、根底には愛がある。どうしたら相思相愛になれるのか。車と人の関係も恋愛と同じだと思う。

しかし、相思相愛と大衆迎合はまったく意味が違う。大衆という集合の好みは十把ひとからげにして把握するようなものではない、ということに気づいている自動車屋は案外少ないのではないか。

大衆に迎合したらいい車がつくれない――私の持論なのだが、決して、大衆をばかにしているわけではない。実態のない対象に対してあるかのように接したら、即座に大衆にそっぽを向かれることを知ったうえで言うのである。

しかし、一人のドライバー、一人の恋人は何を望み、何を好み、どうしたら気持ちを向けてくれるか、こちらがその気になれば知ることは可能なはずである。

私は講演会や説明会などお客さんと対話する機会を大事にした。実際にドライバー個人に接して肌で感じ、直接意見を聞き、感触を積み重ね、「これだ」というコンセプトに導いた。

スカイラインは大衆車を目指したけれども、結果として少数にしか愛されなかった。少数だが猛烈に愛されて

4代目（1972年、2000ＧＴ　ＫＧＣ110）写真提供：日産自動車

きた。スカイライン・フィロソフィーがはっきりしていたからである。

人間が触れ、感じる部分すべてに、瞬時に「情が通う」ことを念願として設計した。結果として「情の強《こわ》さ」が際立って、「羊の皮をかぶった狼《おおかみ》」と呼ばれるような硬派の車が出来上がった。

名前は忘れてしまったが、料理番組によく出演する俳優さんで、娘さんがいて、国領あたりに住む人が、ある日、ひょっこり荻窪工場に私を訪ねて来た。

「ずうっとスカイラインに乗っているんだけど、古くなってきたので、家の者から新しく買い替えろといわれている。だけど、情が移ってしまって、なかなか踏ん切りがつかない。櫻井さん、悪いけど、一緒にこいつに乗って、工場をひとまわりしてくれないか。そうしたら、あきらめがつく」

私は胸にジーンときてしまって、俳優さんの愛車に同乗して、荻窪工場をひとまわりした。

俳優さんのような一人の思いが際限なく積み重なって、各地に「スカイライン愛好クラブ」みたいな組織ができているのだろう。しかし、数はあくまでも結果であって、入り口ではない。

自分で設計した車ではあるが、そういう意味合いで、「ケンメリ」はあまり好きではなかった。旧プリンス技術陣と日産技術陣の板挟みになった中川さんに心から同情して、数多く「売れる車」をつくるために、私は妥協したのだが、それが誤りだったということを、「ケンメリ」で痛いほど思い知らされた。

羊の皮をかぶった狼が、本当に羊になってしまった……。

これほど骨身にこたえた批判はなかった。
スカイラインは、やはり、スカイラインであるべきだ。
私は「天の声」を聞いた思いだった。

コンセプト・リハーサル

櫻井ファミリーのベクトル合わせの会議を、私は「コンセプト・リハーサル」と名づけた。自動車は大勢で造るものだから、一人でもそっぽを向いていたら、まとまらない。全員のベクトルを一つにする必要があった。

数多く売るという会社の方針に心ならずも妥協して、「ケンメリ」で大衆におもねった設計をしてしまった。「ジャパン」で抵抗して修正を試みたが、不十分なまま終わった。今度こそ完全に本来のスカイラインの姿に戻したい。

もちろん、私が考える方向で進めたいのだが、「これで行くぞ」と最初から決めつけてしまったのでは、ファミリーはモルモットにすぎなくなってしまう。せっかく、みんなでつくるのだから、全員で考えて、各自の意見を反映させ、開発する車のイメージにふくらみを持たせたい。そのためにするベクトル合わせなのである。

ベクトル合わせとして行うコンセプト・リハーサルは、最初から「こうだぞ」といって始めることに比べれば、随分、手間も時間も要するやり方である。けれども、そうすることによって後の仕事がうまくいくわけだから、最初の手間暇をいとうことのほうがかえって危うい。入り口がいいかげんだと後がバラバラになって収まりがつかなくなってしまう。

いけないと気づいて慌ててやり直しても、ベクトルをそろえるのは至難の業……。

ドラマは問題の提示と解決法で成り立つ。だから、コンセプト・ストーリーを、ドラマ仕立てにしようと考えた。

次のスカイラインをどうしようか。

これが、問題の提示である。

従って、コンセプト・リハーサルを開く前に、私なりに解決法を見出しておく必要があった。日光の戦場ケ原

５代目（1980年、2000ＧＴターボ　ＫＧＣ210）写真提供：日産自動車

へ出かけて行って、写真撮影、スケッチ、必要なことをひと通りやってから、私はだれもいないところに車を止めて、スカイラインの物語をつくり、帰ってからコンセプト・ストーリーを執筆した。

ベクトル合わせの会議では、原稿はもちろんのこと、写真やスケッチなど、視覚に訴えるものはファミリーに絶対に見せない。

やや照明を落とし、わざと暗くして、静まり返った部屋で、私は暗記してきたコンセプト・ストーリーをおもむろにゆっくりとそらで朗読した。

私はあくまでもコンダクターに徹して、おおよそのベクトルを暗示するだけ。日光ならば、いろは坂を知らない者はいない。ファミリーは戦場ケ原をよく知っていた。ドラマの舞台としては申し分なかった。深層のキャンバスはすでに用意されたも同然だ。

あとはコンセプト・ストーリーが、彼らのセンスにどれだけ働きかけてくれるか。

コンセプト・リハーサルそのものが、私にとってはドラマだった。

六代目のコンセプト

私は期待に胸を躍らせつつ、コンセプト・ストーリーをゆっくりと語っていった。

「男女がいる。男は友人と一緒に五、六人で会社を経営しているふうに見える。金のかかった、いかにもこざっぱりした身なりから、そううかがえる。デザイン会社か、あるいは貿易会社だろうか。年齢は三十を越えていようか。ことさらに若さを誇示するでもなく、枯れてもいない」

そして、女は職業を持っている——というより、時間的にも、精神的にも、彼女の人生の大半は仕事によって占められる。

自分がどう生きようと自然な生き方に忠実なように、たぶん、これからもそうとしか生きられないに違いない。

経済的な自立が、そうした強さの維持を可能にしているのだろう。しかし、彼女の生き様にまわりの人が嫌みを感じるよりすがすがしさを感じるのは、やはり、強さが本来のものなのだろう。

この二人は新型スカイラインで日光湯元温泉の瀟洒（しょうしゃ）なホテルに行く約束をするが、男は仕

６代目（1981年、2000Ｒ　ＳＫＤＲ30）

事が入って行けず、女はひとり列車で先に行く。

夜半に仕事を終えた男は、スカイラインに身を委ねて女の待つ日光へと急ぐ。

戦場ケ原を走り抜けるスカイライン。

夜の闇、折しも、戦場ケ原は猛烈な嵐の中。心を分かち合える恋人の待つ目的地に、ドライバーのはやる心を抑えて突き進むスカイライン。

そのとき、地を切り裂くような雷鳴とともに強烈な稲妻が光る。その稲妻に浮かび上がる鮮明なスカイラインのシルエット……。

これが、私のスカイライン・コンセプトストーリーである。コンセプト・リハーサルは、役職も、年功も、すべてかなぐり捨てた、至って自由な雰囲気の討論の場だ。

私はコンダクターとしてファミリーの中心にいた。

今度のスカイラインは、こうだ、ああだ……。

バイオリン、ビオラ、チェロ、コントラバス、クラリネット、フルート、オーボエ、ファゴット、ホルン、トランペット、ティンパニーなどの演奏者が、それぞれに音色を奏で始める。

「暗闇に光る稲妻、一瞬、現れるスカイラインのシルエット。全体のシルエットそのものをサーフィンラインにして、今度の車からは取ってしまおう」

「走り去るときの丸いテールランプは、スカイラインのアイデンティティーだから、しっかり強調しよう」

捨てるものは捨て、残すものは残し、結局、ファミリーの若い連中が自分で思い描いた六代目スカイラインのイメージが「戦場ケ原の稲妻」だった。私はみんなのベクトルがそろったと判断した。

「いいじゃないか。よし、それでいこう」

そのうえで、具体的なスケッチをもとにして、言葉のイメージにどのようにして近づけるか、個別に検討会を重ねながら新型スカイラインのデザインを固めていった。

六代目スカイラインの開発は、こうしてスタートを切った。

良い図面は話をする

図面は話をする。これが、私の持論である。本当によく考えて描かれた図面は、じいっと見つめると、私の感じでは実に饒舌《じょうぜつ》に口を利く。

「オヤジさん、ここをよく見てくれ。機械にセットして削り出すけれども、同じ方向で削れないから、トンボにして、チャッキングして、こっちから逆に削る」

「ふん、ふん」

「だから、オヤジさんよ。寸法線はここに入れて、バイトはここでこういうふうにまわすから、こっちからのアールでつけたよ」

半日かけて話しても、少しも飽きがこない。図面の話を聞いているときの私の眼は怖いくらいだといわれた。すぐ側にいても、声をかけられなかったという。

逆に、考えなしに描かれた図面は、何も話さない。沈黙したままで、見ても面白くないので、ぱっと見ただけですぐにわかってしまう。

図面の出来が悪いと、鉛筆で裏にやわらかくバツをつけて戻す。考えて直して来い、という無言のメッセージである。

問題点を見つけるのは大変な作業だ。机にかじりついていたのでは解決がつかない。何冊も専門書をひもとき、現場で試験を繰り返さねばならない。私は自分自身がたっぷり経験してきたから、誰よりもよくわかっていた。だからこそ、やってもらわなければならない。失敗から学ぶ以上の勉強はない。

直されてきた図面が不十分だと、今度は表に鉛筆でバツをつけて返す。それでも駄目なときは、赤鉛筆でバツを思い切り強調して突き返した。

赤鉛筆の洗礼を最も激しく浴びせたのが、ゲンというあだ名を持つ島田勝利だった。

「おい、ゲン、ちょっと来い！」

目の前に飛んで来たゲンに喝を入れる。

「おまえ、おれのところに来て何年になる。おまえのようなばかモンは、さっさと死んじまえ！」

しかって物にならない相手なら、こんないい方はしない。ほとんど暴言に近い檄《げき》を飛ばすのは、期待の裏返しである。

ゲンは私が期待するくらいだから、他からも高く評価されて、事実、ホンダに移籍した元の上司から誘いを受けた。

「今はまだ力不足だから、二、三年後なら」

婉曲《えんきょく》に断ったのに、ゲンはまた二年後に誘われた。さすがに迷いが生じたらしく、信頼する叔父さんに相談した。

叔父さんはゲンに次のように答えたという。

「問題は、会社がどうかじゃない。自分がついていくに足る人がいるかだ。いたら、そこを選ぶべきだ」

私にとっては中川良一さんであり、日村卓也さんだった。ゲンにとっては私だったのだろう。ゲンは今も「櫻井学校の永久落第生」を自負していて、プリンス自動車、日産、オーテック・ジャパン、エス・アンド・エスエンジニアリングと、ずっと私についてきた。

もちろん、ゲンの描く図面は雄弁に口を利く。

ずば抜けて個性的で有能だった「櫻井ファミリー」と送った日々が、私の一生の宝である。櫻井ファミリーとシャレていうが、いつか人事部長に苦情をいわれたように、中川組配下の櫻井一家というのが本当だった。

正月返上で車を設計

あらためて振り返ってみると、よいことも、悪いことも、すべてに私が関係していた。

プリンス自動車に入社した当時、私の月給は約六千円、一五〇〇ccのプリンスセダンが百二十万円くらいで、月給二百カ月相当の価格だった。自分で設計しておりながら、買うことなど考えられなかったが、つくること自体が楽しかった。

私は上司に勧められて職場結婚して、会社から自転車で十分足らずの場所に所帯を持っていた。まだ若くて安月給だった私にとって、食い物の思い出は生々しい。私よりもっと若いファミリーも同じだったと思う。

会社に給食設備がなかった当時のことである。前日の夕食の残りでもないと、お金がないからあらためて弁当をつくるわけにはいかなかったから、お昼には家に戻って食べなければならなかった。だから、朝、出勤するとき、今日は弁当を持って行けるかどうか、いつも気になった。仕事に使える時間が、弁当のあるなしによって左右されたからである。

家にお昼を食べに戻っても、我が家にはお茶漬けしかなかった。

私が昼食を食べに家へ行こうとすると、ファミリーの連中が目敏く気づいて四、五人ついてきてしまう。お茶漬けを振る舞うわけにもいかないし、内心、困ったなあと思うのだが、そこはワイフがよく心得ていてくれて、こっそり裏から出て質屋さんでお金を工面してごちそうを出してくれた。ワイフは質屋さんから大切に扱われたから、よい客だったのだと思う。

三代目スカイラインの第二次試作に取り組んだ昭和四十（一九六五）年の師走、第一次試作車に気になる部分があって、設計の仕上げの期限から逆算すると人並みに年末年始の休暇を取っていたら、間に合わないことがわかった。

「おれは来年の正月は旧正月でやる。会社が決めた正月休みは、今回、おれには関係なし」

私は勝手に宣言した。

プリンス自動車は月給を二度に分けて支払うほどの貧乏会社だから、もちろん、休日手当など出すわけがなかった。自分は職制の側だからそれでよいが、若いファミリーには頼めない。一人で頑張るつもりだった。

ところが、島田ゲンを筆頭に何人かが名乗りを挙げてくれた。

「オヤジさんがやるなら、おれたちにもやらせてくれ」

結局、数人が年末年始を返上して第二次試作車の設計をやり通すことになった。

大みそかの晩、とんでもない奴がいて、図面の日付欄に「昭和四十一年元旦」と書き入れて、私のところへ持って来た。日付を間違えたにせよ、書くとするなら「一月一日」である。意図的にしたことは明らかだった。

大みそかの酒盛り

私は無我夢中で日付など頭になかったから、はっとして顔を上げた。

やがて、荻窪かいわいの寺という寺が除夜の鐘を一斉に打ち始めた。

世間とは別で、われわれの正月は旧だとはいったものの、ファミリーはボランティアである。社則はともあれ、正月のまね事だけでもやってやらなければ、彼らに対してもうしわけない気持ちになった。

「おい、みんな。守衛さんにわからないように部屋を暗くして、これから酒盛りをやろう。責任は一切おれが持つ」

張り詰めていた部屋の空気が切れた糸のように緩んだ。

「酒はどうする」

富士スピードウェイにて。R380とメカニックたちとの集合写真（左から４番目が著者）

「大みそかだから酒屋は夜通しやってるだろう」

「出るのはいいが、帰りに守衛さんに見つかってしまうぞ」

「あきらめるのもしゃくだなあ」

最初は沸き立つように元気づいた声が次第にしぼんできた。その気にさせてぬか喜びに終わらせたのでは寝覚めが悪いから、私は「待てよ」と考えてとんでもないことを思いついた。

「いくら貧乏な会社でも、お歳暮にアルコールぐらい届いているだろう。そいつを失敬してやろうじゃないか」

プリンス自動車の荻窪本館は戦時中の中島飛行機時代の建物のままだったから、ドアの鍵など針金一本で開いてしまう。ここぞと見当をつけて役員室の隣の部屋の鍵を開けてのぞくと、日本酒とウイスキーが飲み切れないくらいあった。

「少しぐらいなら罰は当たるまい」

勝手な理屈をつけて、好きなだけ持ち出して飲み始めた。

酒盛りに入って一時間もしただろうか、誰かが暗がりから叫び声をあげた。

「大変だ。常務が息をしていない」

常務というのは永野というファミリーのあだ名だった。

ただでうまい酒を意地汚く飲んだから急性アルコール中毒を起こしたんだろう。とっさに判断したが、息をしていないというのはただごとではないと思った。

「どこだ」

私は手探りで永野のところへにじり寄って脈を取ろうとしたが、慌てていたらしく脈がどこにあるのかわからなかった。鼻へ耳を近づけたが、息をしているのかいないのかわからなかった。

こうなったらしようがない。永野の胸を押したり、口から口へ人工呼吸をしたり、やったこともないことを、二度、三度と繰り返すうちに永野が「フーッ」と息をした。

「酒盛り終わり、設計も小休止」

三人交代でみんなして永野を担ぎ上げ、身が凍る思いで守衛所を誤魔化して通った。師走の冷たい風に当たっているうちに酔いも吹き飛んで、一キロほど離れた彼の下宿に四苦八苦してかつぎ込んで、ようやくひと安心した。

「男でキスをしたのは、こいつだけだ」

私がいうとファミリーが笑った。

小言を怠るべからず

櫻井ファミリーが何か悪だくみをすると、どういうわけかいつも突拍子もない出来事に見舞われて、結局は露見してしまう。しかし、そういうときほど仲間意識を強く感じたと記憶する。

櫻井ファミリーは「櫻井学校」とも呼ばれていた。

私は自動車づくりを自然の摂理から学んだ。学ぶほうにばかり神経が集中していたから、教え方はあまり親切ではなかったと思う。

オヤジさん、教えてくれ、教えてくれ——といわれると、いつも私は答えた。

「そんないわれたって、おれだって知らないよ。わからないことは、おまえらに教えられないよ」

「わからなくたっていい。オヤジさんが考えて答えてくれればいいんだよ。オヤジさんはおれたちが考える以上のことを考えるんだから、考えてから、それをいえばいいんだよ」

わからないというと、こんなふうに怒られてしまう。

どっちがボスかわからなかった。

私は教える立場の人間だったが、ファミリーから教わることを何とも思わなかった。

「おまえ、学校出てから何年もたってないだろう。おれはとっくに学校へ置いてきちゃってわからないから、これ解いてくれよ」

櫻井学校が後半になると、私はファミリーに「あれしろ、これやれ」とはいわなかったし、むしろ、ファミリーに指図されることのほうが多かった。

ただし、ファミリーがやっていることに対して、やたらと小言をいった。

「ばかやろう、てめえ、死んじまえ」

私に小言を一番いわれたのがゲンこと島田勝利だった。それでいて、ゲンは怒られるのが人一倍嫌いな男だから、よく耐えたと思う。

私が病気で入院すると、このときとばかり、櫻井眞一郎のサインを一生懸命習ってまねして、描いた図面に書き込んで出した。それがまた、間違いが多くて、退院した私に大目玉を落とさせた。

あんまり度がすぎてもいけないと反省して、私が小言をいわないで黙っていると、ファミリーがかえって怖がって、心配して、向こうからいってきた。

「オヤジさん、どうしたのよ。おれを見放さないでよ」

「おれが何かいったか。見放すようなことは、何もいっちゃいないぞ」

「それがいけないんだよ。オヤジさんに黙っていられると、一体、何かあったのかと、かえって気味が悪いよ」

自分から小言を催促しにくるのだから、おかしな話である。

櫻井学校には職位の階段などなかったし、上下の規律はそれこそめちゃくちゃだった。しかしながら、常に常軌を逸するかたちで不思議なことに心が通い合っていた。

櫻井ファミリーはわが家にも出入りして、まるで私に当てつけるかのように、ワイフを母親か姉のように慕い、大事にした。

引っ越しとバーベキュー

私はワイフと古くて狭い家を借りて住んでいたが、昭和三十五（一九六〇）年、東京・蘆花公園前にある住宅供給公社の二階の住戸の抽選に当たって、引っ越すことになった。家賃は一カ月四千五百円ぐらいで安かった。

わが家が引っ越すとき、櫻井ファミリーが「みんなで手伝おう」といってくれた。引っ越しはすべて彼らがやってくれるので、ワイフは炊き出しを受け持った。

家財は彼らが自分たちでここと思う場所に運び込んだから、引っ越しが終わって、さあ生活を始めようと思ったとき、何がどこにあるかわからない。

「おまえ、あれ、引っ越しのとき、どこに入れた」

いちいち確かめなければならなかった。

引っ越しが決まったとき、伊藤修令が引っ越しのお祝いに扇風機を贈ろうといってくれていた。優秀だが、ひょうきんな男だった。「おう、悪いな」といって、そのつもりでいたのに、引っ越しが済んだ途端、彼が窓を開け放していった。

「やっぱり、買わないでよかった」

二階の部屋だったので、風通しがよかった。

「げた箱買おうと思ったけど、おれたちが買うよかいいの据えてるじゃないか」

買う気など全然ないのに、ほかの連中まで口々にいい出した。

九年少々、蘆花公園前で暮らしてから、昭和四十四（一九六九）年一月末、上祖師ケ谷に建てた家

1969年、自宅庭先でTRWの友人たちと

が完成した。そこに移ることになったとき、島田ゲンが「引っ越し隊」を編成して、隊長になった。

「いいんだよ。オヤジさんは休んでろ。おれたちがいいようにやるから」

各自役割分担を割り振って、私たちに触らせない。整理整頓が済むと、「これじゃ、庭が狭くて駄目だ」といい出した。

「前に空き地があるから、あれを買おう」

ところが、空き地は斜面になっていて、わが家の庭より下がっていた。

「土を運び込んで積んじゃおう」

みんな設計者だから建設作業員のまねなどできないはずなのに、櫻井ファミリーは私に庭先の土地を買わせて、日曜日ごとに来て、土を運んで、敷地を広げて、三、四週間かけて立派に整地してしまった。庭木まで自分たちで植えて、立派に庭に仕立てた。

ゲンがファミリーに呼びかけた。

「おい、これから、バーベキューをやろう。ただのバーベキューじゃねえぞ」

あらかじめ近所の農家と交渉が成り立っていたらしく、処分したばかりの重さ十キロ以上もある牛肉の塊を買ってきて、炉を築いて、焼き始めた。ある者はギターなどの楽器を弾く、ある者は歌う、夜遅くまで大変な騒ぎになった。

誰が、この家の主人なのか。

近所の人は不思議に思ったに違いない。

ツツジと夜中のゲン

私は覚えていないのだが、ワイフの記憶では、新築してから一カ月の間に百人以上も人が来たという。ワイフもそれを楽しんでいた。

あとでわかったのだが、ゲンは私の留守に植木屋のはんてんを着て来て、「植木屋の島源です」と名乗ってワイフの目を欺き、手入れと称してわが家の庭のツツジの花芽をことごとく刈り込んでしまった。何も知らないワイフは、「本当にきれいになった」と喜んで、ゲンに謝礼を包んで渡したのだという。まさに盗っ人に追い銭だった。

果たして翌年、よそのツツジが満開なのに、わが家のツツジは咲かなかった。私はゲンをつかまえて、それとなくいった。

「おい、ゲン。どうしたことか、今年はまだわが家のツツジが一発も咲かないんだ」

ゲンが何と返事したかはあいにく覚えていない。

ある日の夜中、ゲンが上野憲造と二人で押しかけて来て、近所が寝静まっているのも構わず、「やい、櫻井、起きろ。寝ているのか。起きてるんなら、酒、出せーッ」と怒鳴った。

私は中へ入れて、ワイフにいった。

「酔っぱらっちゃってて、酒の味なんかわからないんだから、お茶を出せばいいよ」

ワイフがお茶を出すと、ゲンが怒った。

「冗談じゃねえ。酒を出せ」

「しようがねえ、サントリーの安物でいいから、出してやってくれ。飲ましちゃって、あしたの朝まで寝かしちゃえばいいんだ」

私がワイフにサントリーの角瓶を出させると、ゲンがまたほえた。

「こんな酒、飲めると思ってるのかーッ」

私とワイフはそろって怒鳴られて、何をするのかと見ていた。ゲンは勝手知ったる他人の家とばかりに踏み台を探して、戸棚からヘネシーを持ち出してきた。

「こんないい酒があるのに、安いのでごまかすなんて、汚ねえじゃねえか」

ゲンは嫌みをいって、上野憲造と二人でがぶがぶのみ始めた。

私とワイフは二人が酔いつぶれるまで、居眠りしながら付き合わされた。

他人の家だと思わないんだな、こいつら…。

けれども、逆にそれがうれしかった。

ゲンはそんなこっちの気持ちを逆手に取って、「庭のツツジの手入れがどうなっているか見たいから、カーテン開けて」といい出した。

真っ暗だからツツジがどうなっていようと見えるわけがない。けれども、暗くてツツジが見えなくても、ゲンは様子を確かめずにはいられなかったのだろう。

私は逆らわずにワイフにカーテンを開けさせた。

真っ暗な庭を部屋の明かりが照らしたが、ツツジの垣根までは届かない。ゲンが何かいっているようだったが、私は眠くて聞いていなかった。ようやく酔いつぶれてくれたので、私とワイフはようやく解放されて眠ることができた。

愛用品が狙われる

島田ゲンのほかにも櫻井ファミリーがわが家によくやって来た。うれしいことなのだが、困ったことに、彼らは来るたびに私が持っている物を持ち去っていく。大事にしている物ほど目をつけて、勝手な理屈をつけて巻き上げてしまう。

現在、ジャトコ・ツールの社長をしている西岡興洋が、ある日、わが家にやって来て芝居気たっぷりに嘆いた。

「小学生になる息子が、夕方になると出かけてしまう。それで、困ってるんですよ、オヤジさん」

「何でよ」

私も子煩悩なほうだから、びっくりしてわけをただした。自分から西岡の作戦に乗ってしまったのだ。西岡は澄ました顔でつづけた。

「おれのところはカラーテレビがない。白黒なんです。近所にカラーテレビを持っている家があるから、すぐ見に行ってしまうんです」

なあんだ、そんなことか……。

私はほっとした。

ひとしきり他愛のない座談をしてから、再び、西岡がしおらしい態度でいった。

「オヤジの家には、居間にカラーテレビがあって、寝室にもカラーテレビがある。どっちも、白黒じゃない。今日、車で来てるから、一台、もらっていく」

承諾したつもりはないのに、西岡は勝手にカラーテレビを自分の車に積み込んで、持ち去ってしまった。

「しようがねえなあ」

私は苦笑いしてワイフにぼやいた。

あるいはまた、ある日のこと、婚約したばかりの部下が、私に仲人を頼みに来た。

「お祝いに、何が欲しい?」

私が言うと、部下は待ってましたとばかりにいった。

「いつも、ゴルフで負けてばかりいて、悔しくて仕方がないんです。だから、オヤジさんが使っているパターが欲しい」

私の愛用のピン・パターをくれという。

今日はピン・パターなど珍しくもなくなってしまったが、当時は高価で手に入らなかった。用具の差もあったのだろうが、私はゴルフが強かった。まさか、私から愛用のピン・パターを取り上げて、自分を優位に導こうという腹でいるとは思わないから、私は快く承諾した。

「お祝いに欲しいというなら、わかった」

私は愛用のピン・パターと同じものを買って、部下に結婚祝いの品として贈った。当時の金額で二万円したと思う。

「これじゃない」

部下がそういって、すぐにピン・パターを返しに来た。

「オヤジさんが、今、使っているやつが欲しいんです。あのピン・パターのために、おれたちはどれだけチョコレートを取り上げられたかわかりゃしない」

ここに至って、部下の本当のねらいに、ようやく私は気がついた。

高くついたオヤジ税

私は部下にいった。

「駄目だよ。あれはおれが大事に使ってるんだから。せっかく、同じものを買ったんだから、そっちで我慢しろよ」

「同じものだというなら、オヤジさんがこれを使えばいいじゃないですか。おれはこっちでなければ駄目なんです。約束だから、もらっていく」

そういって、強引に持ち去ってしまった。

またしても、ある日のこと、別の部下が来て私にぼやいた。彼は古くなって相当いかれたゴルフクラブを使っていた。ゴルフ場で自分のそのゴルフクラブをけなされたというのである。

「そんなのと一緒に積まれたら、こっちのクラブがさびてしまう。もう少し、まともなクラブにしなさい」

そう言われたので私のクラブに目をつけて、わが家にやって来たというのである。

以下同文で、そいつも私のゴルフクラブ一式を持ち去ってしまった。

ところが、私のゴルフバッグには傘が入っていた。ゴルフクラブを返せというと何をいわれるかわからないから、せめてもの意趣晴らしに私はいった。

「傘を返せ。傘は一本しかないから困るんだ。傘はゴルフクラブじゃないから、返してもらおう」

しかし、部下は平然とうそぶいた。

「いや、全部、込みでもらったんだから、返せない。駄目です」

会社では「オヤジ」風を好きなように吹いている私が、わが家ではまったく形無しだった。仕方ない、「オヤジ税」のつもりで、私はすべてあきらめた。

公私混同したほうがよいのか、厳しくけじめをつけるべきなのか、私にはわからない。櫻井ファミリーの場合、公の部分の仕事でしごき抜いた反動が、私の部分にこういうかたちではね返ったのだろう。それがガス抜きの役割を果たして、ひび一つない鉄の結束と優れた仕事をする原動力を生み出したのかもしれない。インフォーマルな火の玉集団だっただけに、常識的な物差しが当てはまらなかっ

1965年、旅行先で長男・健典さんと

た。

私たちの世代は生きていかなければならないから、確かにある程度は稼ぐ必要があったけれども、あくまでも「よいもの」をつくることに情熱を燃やし、チームワークを大切にした。だから、技術がどんどん進歩した。

ホンダの生みの親・本田宗一郎さんあたりが、その代表的な存在だった。

ところが、次第に年を経るに従って、技術王国から経済大国のほうにみんなの目が向くようになって、会社を大きくすることや、利益を上げることに目的が変わってしまった。技術を磨くことよりも、お金を稼ぐことが目的になったことが、日本の技術立国が成り立たなくなった原因ではないかと思う。

今になって、さも目新しいことのように「モノからヒトへ」といわれ出したが、どうも「温故知新」ということではないらしい。彼らは私たち櫻井ファミリー世代が公私ともにはつらつとして新しい技術に挑戦した時代の精神を、どのように見ているのだろうか。

学歴より資源と能力

前に述べたように、水を飲みたくない牛に、「あっちの水はいいぞ」といって、飲みたくするようなやり方を、私は取らなかった。ついでにいうならば、私がいちばん嫌っていたのが階級と学歴である。

櫻井学校には国立大学を出た者はいるが、東大卒は入っても大概落後していった。唯一、例外として残ったのが、上野憲造だった。

櫻井学校の有資格者は、世間でいうエリートと違って、純粋に技術を極めようとする根性の持ち主だった。東大、京大を表札にしているような者は、別に差別したわけでもないのに、どういうわけかついてくることができなかった。

西岡興洋はすごく優秀な男だったが、中央大学卒だった。私の後継ぎになった伊藤修令、私が目をかけてかわいがった児玉芳記、二人とも広島大学卒だった。どこの大学を出たからどうだという扱いはなかったわけで、あくまでも本人の資質、能力の問題だった。結果として、まわりからちやほやされないようなところで勉強してきた人間のほうが、資質、能力とも勝っていたということだろう。勉強もしないで適当に大学に進んで、何となく卒業したような者も、一つの例外もなく落後していった。

残ったのは最初から水を飲みたい牛ばかりだった。

櫻井ファミリーの上野憲造が独立を果たしてから、『スカイラインの設計を夢見て』という本を書いた。「櫻井眞一郎との出会い」という副題がついていた。頼まれて「推薦の言葉」と題して序文を寄せた。

上野憲造は学生時代に東大の自動車同好会のキャプテンとしてラリーで活躍し、プリンス自動車に入社後も当時としてはまだ走りだったリモコンカーに特別なチューニングを施して走らせたり、いつ勉強するのかわからないほど飲んだり、よく遊んだりしているのに、誰かれ構わず意見が言える自信と度胸と豊富な知識、明晰《めいせき》な頭脳の持ち主だった。

上野憲造が入社する直前にＩＢＭ１１３０というコンピュータが導入された。今日のパソコンにも及ばない性能なのに二十畳ほどものスペースを取り、絶えず温度管理をしていないと動かなくなってしまう厄介な代物だった。彼は当時の技術計算では唯一のソフトだったフォートランのプログラムに通じていた。私は櫻井ファミリーに早く溶け込ませ、なおかつ意欲を持たせるにはどうしたらよいかを考えた。そして、何か先輩に勝るものを見つけて先生をやらせればうまくいくだろう、彼にコンピュータの指導からやらせようという結論に達した。

上野憲造はテキストをつくったりしながら、一生懸命、ばかでかい「１１３０」を駆使して、櫻井ファミリーを指導した。しかし、何となくファミリーの燃え方が思うようでない。それとなくようすを見るうちに、彼の態度に原因があることに気づいた。

「櫻井追い出し作戦」

生徒は計算尺や手まわしのタイガー計算機、数表を駆使しながら、能率は悪くても他社に負けない優秀な設計をやってきたベテラン。先生はエリートの若者の中で磨いてきた知識を振りかざす学校出たての新入り。共感的理解など得られようはずがなく、「あの野郎、生意気だ。今度の課の旅行のとき、みんなで焼きを入れよう」という相談が持ち上がっていた。

上野憲造つぶしを事前に察知して、私から櫻井ファミリーに声をかけて、「あいつは、将来、頼みになる男だ。つぶすようなことはしないでくれ」と説得してやめさせた。

やがて、上野憲造に「オバQ」「Qちゃん」というあだ名がついた。当時、「オバケのQ太郎」という漫画が人気になっていて、彼の容姿が似ていたからだろう。櫻井学校では生徒をあだ名で呼び合うのがしきたりみたいになっていたから、やっとファミリーに受け入れられたのだなとわかってほっとした。

推薦の序文を書く前に、オバQの原稿に目を通して私はびっくりした。「櫻井課長追い出し作戦」という見出しを見たからである。実態は櫻井ファミリーの飲み会で、ただ飲むだけでは面白くないから荒唐無稽《むけい》な口実を設けてとぐろを巻く。仰々しく回覧を回すところに経験一年足らずのオバQに対する作意が感じられた。オバQはまんまとそれに乗せられて、裏切られたというだけの内容だった。

〈前線基地で戦闘に明け暮れているような毎日だったから、多くの人たちが櫻井さんに対して不平不満を持っていたようである。ようであるというのは、大なり小なり不平不満を口に出していう人がかなりいたから、確実に不平不満があったことは事実だといえると思うのだが、その程度となると本当のところさっぱりわからなかったためである。私自身にしても、入ってみるまではこんなにおっかない課長がいるなどとは想像もしていなかったから、えらいところに飛び込んでしまった、飛んで火に入る夏の虫みたいなものだと思っていた。単に威張っているだけなら考えようもあるが、実力があり勝てそうにないのだから厄介である。こういうのを煮ても焼いても食えないというのかもしれないと思ったりしていた〉

だから、オバQは半分は本気にして、櫻井課長追い出し作戦会議に顔を出したのだが、とんだ忠臣蔵に終わってしまった。けれども、その後、オバQは島田ゲンと連れ立って、夜半、吉良邸ならぬ櫻井邸に討ち入りして本懐を遂げ、押しも押されもせぬファミリーの一員として名を連ねた。

櫻井ファミリーはみんないいやつだけど悪いやつだった。

昭和四十一（一九六六）年、プリンス自動車は日産に吸収合併された。同じ櫻井ファミリーでも、それ以後に入社した者は日産に入社したことになるのだが、彼らが吸収したのは、当時、荻窪で堅持されつづけたプリンスの設計文化だった。だから、櫻井ファミリーは本質的に少しも変わらなかった。

ファミリー以外の仲間たち

火の玉集団スカイライン・チームを構成していたのは、櫻井ファミリーだけではなかった。清水建設時代の黒岩重役の息子さんが日本精工でベアリングをやっておられたので、自動車づくりを通じてお付き合いができた。黒岩さんともよいこと悪いこと随分やった。黒岩さんの上司の金子副社長が、たびたび、自分の部下を連れてわが家に来て、酒を飲みながらマージャンをやった。

仮にも私は自動車会社の設計屋である。彼らにとってはお得意さんであるはずなのに、四人で強引に押しかけて上がり込んでは、マージャンをやるという。しかし、新倉さんは一人だけマージャンをやらないで、ワイフを相手に酒を飲むだけ。仕方がないから、私が新倉さんの代わりを務める羽目になって、たまたまボロ勝ちした。最後に精算しようというとき、金子さんは自分がボロ負けしていたものだから、なかなか応じようとしない。

「さあて、もう一回、やり直そう」

夜中までかかってやっても、金子さんは傷口を深くするだけだった。輪をかけて精算不能に陥って、彼は点数を書いた紙を食ってしまった。

「駄目だよ。証拠がないよ」

そういってけろっとしていた。

やはり、ベアリングを作る光洋精工の井尻さんは、荻窪工場に入り込んできて、私に教えろといって勉強して、帰りにはわが家まで一緒について来て、勉強の続きをやっていた。ワイフがつわりのひどいときで、申し訳ないと思っていたのだろうが、とことん付き合わされた。

揚げ句に彼は私の秘書を奥さんにした。

また、私がアキレスけんを切断したときには、トキコの勝森さんが見舞いに来た。しかし、顔色がひどく悪い。

「どうしたんだ」

私が問いただすと、勝森さんが答えた。

「実は昨晩、同僚たちと徹夜でマージャンやっちゃったんです」

「それじゃ、辛いだろう。今日はいいから、脇で寝てろよ」

ワイフにいって、ふとんを敷かせた。

「奥さん、敷ぶとんだけでいいよ。シーツなんかいらないよ」

「シーツを出してやってくれよ」

ワイフに頼んでシーツを敷かせると、勝森さんがまたいった。

「掛けぶとんは結構ですから」

勝森さんはワイフが出した掛けぶとんをかぶった途端、グーグーものすごいイビキをかいて眠ってしまった。

あとから見舞いに来た人が、驚きあきれて私に尋ねた。

「お隣でお休みの方は、どなたですか」

私は何とも答えようがなかった。

ちゃんとした目的があって火の玉グループに入る人は捨て身でかわいがる反面、変な下心があってチームの足並みを乱したり仲間を裏切ったりするような者とは二度と付き合わない、という激しさが私にはあった。

ファミリーで祝賀会

私は櫻井ファミリーの仲人を二十組以上頼まれた。仲人をしてくれなければ会社を辞めると脅かされたこともあった。

昭和四十六（一九七一）年、私が会社を代表して第一回「カー・オブ・ザ・イヤー」を受賞した。昭和五十五（一九八〇）年にはスカイラインの設計が評価されて、私個人に対して毎日デザイン賞が贈られた。

櫻井ファミリーの間で祝賀会をやろうということになった。もちろん、私に内証で相談がまとまった。

だが、「櫻井さんは受けない」ということで、彼らの意見は一致していたようだ。

「オヤジさんに正面切って頼んだら、そんなばかはやめろというに決まってる」

リーダーズ・ベストカーの表彰式。右側が著者

こっそり席を設けて誘い出そうということになった。

櫻井ファミリーの間で対策会議が開かれることになって、会社から少し離れた善福寺のそば屋にファミリーのほとんど全員が集まった。

席上、団地というあだ名を持つ小池昭一が、「おれに任せろ」と胸を張った。

「おれがひと芝居打って、オヤジを必ず連れ出してくる」

彼はファミリーに宣言して、私のところへ来た。

「オヤジ、相談があります」

いつになく神妙な顔つきだった。

「ここで、いいだろ」

「いえ、ちょっと、込み入った話がありまして、つまり、その……ここでは、ちょっと、外で話をしたいんですが」

会社を辞める気だな、山梨へ帰っちゃう気かなあ、と心を痛め、「外へ出よう」といって、私は小池を連れ出した。

ダンチ小池がわざとうつむいて神妙な口ぶりでいった。

「善福寺のそば屋に席を取っておきました。あんまり近いと、会社の人間がいますから、そこでお話させていただきます」

「ああ、いいよ」

ついに、このときが、来てしまったか。

私は覚悟して、ダンチ小池と一緒に善福寺のそば屋へ向かった。

途中、私はダンチ小池とひとことも口を利かなかった。ダンチ小池も黙りこくっていた。重苦しい空気を引きずって、私たちはそば屋の暖簾《のれん》をくぐった。

ダンチ小池が奥の襖《ふすま》を開けると、櫻井ファミリーが全員いて、一斉に声をかけた。

「オヤジさん、おめでとう」

気が付くと、私は階段を駆け下りて店の外に飛び出していた。

うれしかったのである。私はトロフィーを持ち出して、あらためてみんなのいる席に戻った。

土壇場でしくじったと思って消沈していたダンチ小池が、真っ先に私を出迎えた。

「オヤジさん、だましてすみません」

「何で謝るんだ。だが、二度とこの手は食わないぞ」

私はみんなによく見えるようにトロフィーを掲げて、感謝のまなざしでファミリー一人一人の顔を眺め渡した。

水沢功三という男

櫻井ファミリーに新郎側と新婦側に仲人がつく変わった結婚式を挙げた男がいた。ダンチこと小池昭一である。会場は忍野のプリンス・ホテルだったと思う。

新婦は土地の資産家の娘で、いわゆる玉の輿の新郎版だった。貸し切りのバスが何台も到着して、私たち夫婦は新郎の脇に座って会場を見渡すのだが、タバコの煙で向こうが見えないくらい招待された人が大勢集まった。

櫻井ファミリーの結婚式でもう一人記憶に残るのが水沢功三である。

服装などまるで無頓着で、野武士のように飾らないで、よく気の働く好男子だった。プリンス自動車が日産に吸収合併されてからも、櫻井ファミリーだった。日産の本社で会議があるというようなとき、私は忙しいから彼に代理を頼むほど信頼していた。

「水沢、おまえ、行ってこい」

「はおい」

変な返事を残して、彼は出かけようとすると、まわりが「待てよ」と気づいて私に声をかけた。

「オヤジさん、プリンスの本社に行くんじゃないですよ。日産の本社に行くんだったら、背広上下そろえて、ネクタイ締めないと、きちっとしていかないと入れませんよ」

「そうか、うるせえ会社だなあ」

私は愚痴をこぼしながら、水沢を呼び戻した。

「おまえ、ネクタイしてるの見たことないけど、持ってるのか。持ってるなら締めて行ってくれよ」

「そんなものありませんよ」

水沢は会社の近くに下宿していたから、私は重ねていった。

「じゃあ、下宿に寄って、ちゃんと締めてから行けよ」

「ネクタイなんか、おれは持ってませんよ」

「しようがねえなあ。じゃあ、おれのを全部貸すから」

ワイシャツから何から貸してやって、いざ、ネクタイを締める段になって、「やり方がわからない」という。自分ではわけなくできるのに、他人に締めさせるとなると、まるで勝手が違う。こうか、ああかと、大騒ぎして、ようやく形になった。

「何だってこんな、堅苦しくって、嫌なもんですなあ」

「こうしなきゃ駄目なんだよ。いいから、四の五のいわず、行って来い」

こうして、ようやく送り出した。

そういう粗削りな男だったが、田舎に近い軽井沢のホテルで式を挙げることになった。やたらと広い座敷を使って披露宴が行われた。

最初のうち、新郎はおとなしく新婦と並んでいたが、やがて徳利《とっくり》とおちょこをぶら下げて、私たち櫻井ファミリーの席に来て、とぐろ座になって飲み始めた。

来賓のあいさつなんか誰も聞いていなかった。

「おい、おまえの結婚式だろ」

「いくら何だって、それぐらい、心得てます」

私の忠告など聞かないで、へべれけに酔っぱらって、片方だけ靴下を脱いで用足しに立った。戻った彼の足を見ると、靴下が小便でぐしょぐしょだった。


「とにかく、最善を」


「きたねえなあ」

私がいうと、水沢が答えた。

「どう致しまして、てめえの小便ですから」

披露宴はそのままお開きになって、新婚旅行へ行くために東京のホテルに列車で向かうのだが、村の人たちが総出で見送りに来ているのに、本人は酔っぱらって歩けない。しようがないから、みんなで抱えて列車に乗せてホテルまで運び込んだ。

私はホテルまでは行かなかったが、ファミリーの報告では部屋に入るなりベッドに倒れて眠ってしまったという。

水沢功三という男は、そういうはしにも棒にもかからない男だったが、ある日、仕事をしていておなかが痛いという。会社の裏に付属の荻窪病院があるので、診察を受けに行かせた。その後も、たびたび痛がるので、荻窪病院に行かせると、そのたびに痛み止めをしてもらって、「何でもなかったよ」と戻って来た。

そんなことが一年以上も続いたため、鎌倉で「胃腸病クリニック」を開業する知り合いの志村耕一医師に相談して、私は水沢功三に言った。

「だまされたと思って、とにかく、そこに行け」

会社に内証で出張扱いにして、水沢を鎌倉に遣《や》った。

二日後、志村医師から電話が入った。

「櫻井さん、大変だ」

「何だ。どうかしたのかよ」

「レントゲン写真を何枚も撮影した。自分だけでは心配だから、念のために二俣川の成人病センターに持ち込んで、何人かで見た。だれ一人疑うことのないがんだ。若いから一年ともたないよ」

水沢功三は結婚して一年足らずで、お嫁さんのおなかには子が宿っていた。おやじが亡くなって子が生まれたら、お嫁さんが苦労する。

私は衝撃を受けて思わずつぶやいた。

「弱っちゃったなあ。どうにかして、子を堕《お》ろさせるわけにはいかないかなあ」

「おれにいわれても困る。あんたのことだから、何とかしなよ。事情を告げて堕ろせといえば、堕ろすんじゃないの」

私がこんなに頭を抱えているのに、本人の水沢功三は痛みがなかったのか、よい医者にかかってレントゲン写真まで撮ったから、安心してしゃあしゃあとしていた。

そんな姿を見ていると、かわいそうでいえなかった。かといって、「おまえはがんだよ」とも打ち明けられない。思い悩んで、悩んで、私が苦しんでいるところへ、また志村医師から電話がかかった。

「櫻井さん、どうすんだよ」

私が答えられないでいると、志村医師が言った。

「あんたが大事にしているファミリーだから、とにかく、最善を尽くそう。日産の本社の向かいにがんセンターがあるだろう。そこの院長は腕がよいし、私がよく知っているから、頼んで手術してもらおう。問題は本人をどうやって連れて行くかだ」

「おれは本人を連れ出すことに全力を尽くす。だから、頼む。志村先生、頼むよ」

私は電話の向こうに拝むように頭を下げた。

ゴールド・フィンガー

こうなったら、うそをつこう―私は腹をくくって、水沢をだれもいないところに呼んで言った。

「おまえは胃かいようなんだ。慢性だから切らないといけない。癌《がん》センターの院長先生は胃かいようの手術が上手だそうだ。志村先生も勧めてくれている。すぐに、そこへ行って、腹を切って、かいようを取っちゃえ」

「オヤジさんがやれっていうなら、何でもやる」

水沢功三は何も疑わずに癌センターで手術を受けることを承諾した。

しかし、水沢ががんだということを知っているのは、医師以外では私しかいなかった。手術をするには身内が立ち会わなければならない。そうかといって、お嫁さんには知らせられない。がんの告知を受けた家族の苦しみを、あのときほど身に染みて思い知らされたことはなかった。

水沢は長野県の上田の近くから志を抱いてプリンス自動車に来た男である。両親がいたが、年を取っていてこんな怖い話はできない。悩み抜いて水沢の故郷の兄さんに白羽の矢を立てて、思い切って電話をかけた。

「功三さんのことで、ちょっと話をしたい」

櫻井さんがそんなことをいうのは弟が何か悪いことをしたからではないかと心配したらしく、兄さんがすぐに駆け付けてくれた。

「実は、申し訳ない。功三さんはがんなんです。一人の先生がいうことではなくて、大勢の先生が診察してわかったことだし、癌センターの院長先生も認めてます。奥さんに言うべきなんですが、妊娠していて、ショックで流産でもしたら大変なので、言えないんです。もちろん、本人にも言えません。彼には胃かいようだとしか告げてません。そうかといって他人の命だし、万一のとき、私には責任が負い切れない。今まで誰にもいえなくて、私は苦しくてもう耐えられない。それで来てもらったんです。そういうわけですから、どうか、分かってください」

お兄さんはうつむいて黙ってしまった。

「手術をすれば助かるかもしれないが、ほっておいたら駄目だといわれてる。もちろん、手術を受けさせるんですが、立ち会ってもらえますか」

お兄さんが顔を上げた。

「櫻井さんはおれのことを自分の家族以上に思ってくれると、功三から聞いております。ありがとうございます。櫻井さんがこうすべきだと思うようにしてください」

その目には涙がたまっていた。

こうして水沢を癌センターに手術入院させた。お嫁さんも一緒について来たが、何も知らなかった。事前にチェックしたところ、わずかの間にかなり転移してしまっていた。「こりゃあ、大変だ」ということで、志村医師の懇望もあってのことだろう、院長先生みずから執刀することになって、お嫁さんにがんの告知がなされた。

お嫁さんはショックで倒れてしまった。

仕方なくお兄さんと一緒に立ち会って見ていると、院長先生はいとも無造作に胃を切って、膜のような皮を指でつまみ、がん細胞の粒を三十カ所以上、実に見事な手さばきで余すことなく取り除いてしまった。私は思わず、「ゴールド・フィンガー」という言葉を頭に思い浮かべた。それほどすごい腕前だった。しかも、術後も完ぺきだった。

水沢の後日談

水沢功三は柔道で体を鍛えていたからごつい体格をしていて、回復も実に早かった。誰かが腹が痛いというと、「おまえ、胃かいようだよ。オヤジさんに紹介してもらって、すぐに切っちゃえば楽だよ」と平気で言った。自分ががんだったということは、ずっと後まで本人に知らされなかった。

ところが、ちょうど一年たって、吉祥寺の中華料理屋の二階で櫻井ファミリーの宴会が開かれた。牛のようにのんで食べて騒いでいた水沢功三が、いきなりお腹を両手で押さえて転げ回り、のたうちまわって、みんなの前で苦しみ出した。

再発したら、まず助からないという。私は青くなって、水沢功三を荻窪病院にかつぎ込んで、思わず医師に告白した。

「おたくで胃かいようの診断を受けたけれど、がんだとわかって、一年前、癌《がん》センターで胃を切った」

荻窪病院の医師はすぐに癌センターからカルテを取り寄せ、丁寧に診察してくれた。

診断が下るまで、私は地獄のえんまさまの前に座らされた気分で、仕事が手につかなかった。がんの手術を受けた事実を知らないファミリーも、水沢のことは話題にするのをなるべく避けて、じっと息を潜めている感じだった。

やがて、荻窪病院から呼び出しがきて、死刑の宣告を待つ被告のように、私は医師の前に出た。

医師が笑って言った。

「櫻井さん、心配いりませんよ。単なる食い過ぎですよ」

がんの兆候はまったく見られず、胃を切って小さくなったところに、中華料理を一度に食い過ぎたために、詰まってしまっただけだという。

水沢功三が無事に退院してきた。

「食い過ぎだって、ばかやろ。てめえなんか死んじまえ！」

怒鳴ったのは私だけではなかった。

水沢功三は、私とは別の意味で心配したファミリーから、なぶり殺し同然の目に遭わされた。

「いやあ、申し訳ない」

水沢がごつい体を小さくして謝って、とんだ笑い話で終わったが、それでも彼はがんだったことを知らなかった。彼をけなげに支えてきた奥さんから、がんだということを知らされたのは、私がオーテック・ジャパンを辞めて、現在のエス・アンド・エス・エンジニアリングを設立するときだった。

水沢功三はプリンス、日産とずっと私についてきて、オーテック・ジャパンに在籍していて、あのとき生まれた子どもは大学生に育っていた。

「あなたの命は櫻井さんにもらったんですよ」

奥さんに初めていわれて、

「そうか。うすうす、そんな気がしないではなかったが……」

彼は驚いて小さくつぶやいたきり何も言えなくなってしまったという。

好漢水沢功三は私が設立したエス・アンド・エス・エンジニアリングに行きたいといって、家族と相談して大変悩んだらしいが、遠くて通えないという理由で断念した。私も彼の家族のことを第一に考えて、誘わなかった。

妻の才覚

私のワイフの名は義子という。職場結婚だが、私が義子を本当に意識するようになったのは、彼女が私に「数学の本を買ってくれ」といってきたときからである。だから、私のワイフは当時の女性としては少し変わり者だったと思う。

私が結婚の条件にしたのが、「どんなに帰りが遅くなっても、仕事に口を挟まない」ということだった。私は典型的な仕事人間だったが、ワイフは私の仕事に関して、一切、口出ししなかった。条件は受け入れられ、十分に守られた。

ただし、無理して体を壊しやしまいかという心配が常につきまとったのだろう。結婚してから何年もたたないある日、息子が生まれる前だから、今から四十年以上も昔のことである—。ワイフが私に何げなく言った。

「お父さんの体が具合悪くなったら、うちの行動半径、うんと変わっちゃうんじゃないかしら。だから、私は自動車の運転免許取らないと」

教習所などというものはまだなくて、多摩川の河原にわずかに自動車の練習場があっただけのころである。ましてや、女性のドライバーなど皆無に近かった。

しかし、どうしてもというので、私は一回だけ運転を教えた。

あとは自分一人で練習して、法規や技術の学科は本を暗記して、会社の連中が五回も落ちているというのに、小金井の試験場へ行って一発合格で免許を取ってしまった。「へえ、すげえなあ」と私は驚いた。

技術的なことなど彼女は何も知らないはずである。試みに問うと、「ああ、それは何ページのどこに書いてある」といって、ワイフは迷わずそらで答えた。

こいつはすごい能力を持った女なんだなあ…。

私は重ねて驚いた。

マージャンを研究したかと思えば墨絵を習ったり、何でそんなことをするのかと私が首をかしげることが多かった。櫻井ファミリーが来ると、自分の着物をこっそり持ち出して、質屋で金を工面してきて、いざというときには、内助の功も果たしてくれたし、自分はブランド品など見向きもしないのに、亭主が身につけるものはブランド品をそろえた。そういう不思議な女性だった。

長男の名は健典という。

世の中、会社を航路にたとえれば、私が帰る港が家族三人の家庭だった。櫻井眞一郎という船は、ひとたび船出するとなかなか帰港しなかったし、たまさか停泊していると僚船が次々に寄港して、家族水入らずの時間はあまり取れなかった。

ある日の朝、珍しく家族三人そろったとき、ワイフが息子にいった。

「うちには下宿人がいるからね」

「下宿人て何?」

息子が聞き返した。

「夜遅く帰って来るでしょ。お風呂に入って、すぐに寝ちゃうでしょ。朝はごはんだけ食べてすっといなくなっちゃう。そういう人を下宿人ていうのよ」

「お父さんみたい」

こんな笑い話もないではなかったが、私は寸暇を割いて家庭・家族を大事にした。

やさしくて厳しい人

私はワイフや子どもを連れて、よく旅行に出かけた。

睡眠時間を縮めて、猛烈に働いて、それでも時間が足りなくて、中川良一さんに「一日二十五時間にしてほしい」といったくらいだから、到底、そんな時間はなかったはずである。だから、どこかで時間を詰めていたのだろう。

会社の延長で仕事しようという勢いで帰ったとき、「どっこいしょ」と腰を落ち着けてしまったら続けるのがきつくなるので、ワイフとの対話を最小限にして書斎にこもってしまう。

ワイフが私をつかまえてよくいった。

「あなたは、時間にケチだ。それも、ものすごいケチだ」

家族４人での伊豆旅行

私はサラリーをワイフにそっくり渡して、彼女が何にどう使おうととんちゃくしなかった。ワイフも私が要求すれば、何もいわずにいわれただけ渡してくれた。戦後、農地改革で没落させられたが、彼女の実家から二キロ近く離れた武蔵小金井駅まで、かつては自分の家の敷地を通って行けたというから、親からの遺産もあったのではないかと思う。

私は櫻井ファミリーのために平気で金を使って、所帯を構えて以来、足らないと思ったことは一度もなかった。仕事第一、櫻井ファミリー優先で、足りないのは時間だけだった。だから、無駄に時間を過ごすことが、たまらなく嫌だった。

一方で、私は世間の亭主族に比べて家族へのサービスが足りない、ということも痛切に自覚していた。ワイフに申し訳ないという思いがたまりにたまってくるとフラストレーションを起こして、仕事の矛先が鈍ってしまう。

したがって、私の場合、仕事と家族サービスが無理なく両立した。

これほど仕事をやらしてもらうからには、ワイフにかなり無理を強いてるな。

追い詰められたような自覚と口には出せない感謝の気持ちから、恐らくワイフの慰労のために出かけたのだと思う。行く先は常に自分で決めたが、自分としては特に希望する場所などなかったので、いつもワイフが行きたそうな場所を選んだ。

ワイフは高い場所が好きだった。海よりも山、同じ山でも次はもう少し高いところ、日光の次は那須、志賀高原の次は立山という感じだった。彼女に付き合ううちに、私も高いところが好きになったし、季節などあまり意識しなかったのに、秋の紅葉がたまらなく待ち遠しくなった。

時間があるのかなあ、ないのかなあと心配しながら、「また、秋がくるけれども、どこへ行こうか」

赤と黄と緑がまだらに織りなす錦模様、澄み切った青空―。ワイフと相談して想像するだけでも、気持ちがさわやかになった。

そんな私を見て、ワイフがまた言った。

「人にこんなにやさしくて、仕事にこんなに厳しい人は、わたしは二人と知らん」

皮肉なのか、褒め言葉なのか……。

いつか機会があれば確かめたいと思う。

第五章　文化としての車を

哲学と販売が反比例

スカイラインは私のフィロソフィー（哲学）で一直線にやってきたとよくいわれるが、事実はまったく逆だった。

自動車の設計者はクルマの特徴を最大限に強調してつくるか、たくさん売れるようにつくるか、どちらか二つに一つである。換言すれば、自動車も一つの文化とみなして作品的にするか、利潤を生み出すための手段と考えて商品的にするか、その両極がある。スカイラインは、本来、前者であるべきだと私は考えていた。好きな人は強く魅せられるが、嫌いな人は逃げていく。

そういうクルマがあったほうが、ユーザーの選択肢が増えて市場がそれだけ広がるのだから、経営的にも寄与するのではないかと思う。

一般的にいえば、「いい自動車だな」といわれて、どんどん売れていくような平均的なクルマをつくる設計者がほとんどなのだが、私はそういうクルマが嫌いだった。まったく別の名前のクルマにすればよかったのに、「ケンメリ」をスカイラインとしてつくってしまった。

両者の中庸点を境にして、行ったり来たりしながら、私はスカイラインの設計をやってきた。最初はトヨタ、日産の牙城に殴り込みをかけるわけだから、うんと特徴のあるクルマにする必要があった。

スカイラインのルーツになった二代目スカイラインは、コロナ、ブルーバードに太刀打ちしようとして、スカイラインとしては後者の側に寄せていながら、メンテナンスフリーといった新機軸を打ち出した。

三代目「愛のスカイライン」のときには、日産と合併したばかりだったので、プリンスのアイデンティティーを発揮するために作品的な側に振り戻した。作品的にはすごくよいクルマに仕上がったが、「女性が乗るクルマじゃない」「免許証を取って、すぐ乗れるようなクルマじゃない」というような批判が出た。

オーテック・ジャパン創立パーティーで挨拶

実際に売り出してみて、「やはり、乗るのがむずかしい」ということになって、プリンス自販から「もっと大衆に受けるクルマをつくってくれ」と突きあげを食った。私は強く抵抗を試みたのだが、結局、四代目「ケンメリ」は会社の方針で仕方なしに後者に大きくかじを切った。そうしたら何のことはない、スカイライン史上最高の販売台数を記録してしまった。

「売れたから、もういいじゃないか」

私はそう言って、五代目でまた前者の方向に戻し、六代目「ジャパン」でさらに徹底した。それに比例して販売台数がどんどん落ち込んでいった。七代目は少しやり過ぎたかなと気を使って、また後者に歩み寄った。

営業とのぎりぎりの妥協点を中心線にしてグラフを描くと、スカイラインとして販売台数が最も多かった「ケンメリ」は中心線を大きく超えてしまう。反対に私がフィロソフィーを貫いたスカイラインほど中心線を下まわった。すなわち営業販売とのつばぜり合いの設計だったわけで、結果としてジグザグの折れ線グラフになった。

スカイラインはこういう道を歩んできた。

オーテック・ジャパンへ

私が設計に携わったのは七代目までで、一定の枠の中で最高のクルマをつくろうとして二〇〇〇ccの枠を決して超えようとはしなかった。それが唯一貫けた私のもう一つの設計フィロソフィー（哲学）である。二〇〇〇ccの枠を超えたのは、ほかの人が設計した八代目スカイラインからで、二六〇〇cc

というようなでっかいクルマになった。

六代目のスカイラインまで設計してきて、七代目を発表する一年前、私は胃を悪くして入院したため、七代目の発表には立ち会わなかった。

そして、胃の三分の二を取る手術を受けて退院すると、私は久米社長のところへあいさつにいった。

「申し訳ありませんでした」

私がわびると、久米社長が次のように持ちかけてきた。

「日産のような大きな組織ではやりにくいだろう。日産が金を出すから自分で会社をつくって、思い切り腕を揮《ふる》ってみてはどうか」

小さな会社をつくって、自分の思い通りのクルマをつくってみたい。私はそのような希望を前から漏らしていた。

「日産はそういう仕事は不得手なんだ。おまえがや

７代目（1988年、2000ＧＴＳ-Ｒ　グループＡ仕様）写真提供：日産自動車

れぱやれるんだから、頑張ってやってくれよ」

オーテック・ジャパン準備室がこうして発足した。芳賀という男が経理を担当して、山本という優秀な社員が私を補佐してくれた。もう一人いて、合計四人で日産の本社内に部屋を借りて、設立の作業に入った。

必要とする設立資金は日産が出してくれる。あとは場所と人だった。それについてはまったくの白紙だった。私は日産が持っている土地をあちこち見てまわった。最終的に選んだのが茅ケ崎市の相模川沿岸の土地だった。対岸の平塚側に広くて大きなストックヤードを持つ日産車体があった。

「茅ケ崎の土地を使わせてくれ」

私は日産本社に掛け合った。

日産の土地を日産が出してくれた金で買ったから、結果として日産は土地だけ出してくれた形になった。結局、金の調達が当面の問題にすり替わったのだが、日産の一〇〇%出資の会社だということで、銀行が融資してくれることになった。

残るは人の問題だけになった。

ゲンこと島田勝利、金沢哲夫、水沢功三などの櫻井ファミリーが、「おれたちも一緒に付いていく」と言ってくれた。

大変に心強かった。

オーテック・ジャパンは日産のラインでは流せないようなクルマをつくる会社だから、設計者から製造現場の人間まですべて必要になった。各部門に必要な人数を書き出すと百二十人に達した。

さて、どうしようか。

私は日産の人事部と相談して、社内公募させてもらうことにした。そして、「今まで日産が手掛けたことがないようなクルマをつくる」という趣旨をＡ１判以上の大きな紙に書いて、本社をはじめ各工場の通用門に張り出した。

手を挙げたのは九百人

久米社長が私に好意を見せていった。

「海のものとも、山のものともわからない会社だから、まあ、集まったとしても、四、五十人くらいだろう。足りないところは会社から業務命令を出して補うよ」

ところが、九百人を超す応募が殺到してしまった。ポスターを掲示したのがタイムカードを押す場所だったので、恐らく日産で働く全員が目にしたからだと思う。

ゼロから出発する会社だから、到底、全員は抱え切れない。どうやって集めるかという悩みが、逆に選別してふるい落とす苦しみに変わってしまった。

九百人強の社内応募者を採用人員の百二十人に絞り込むために、いくつかのことを考慮して選考の基準を設けた。最も考慮したのは、不採用になる八百人近い応募者のことだった。不採用になったことを職場の上司を通じて知らせたら、「おれが嫌で櫻井のところへ行ったのか」と受け取られかねないし、応募したこと自体が本人にマイナスになってしまう。せめても本人の住所に通知して応募したことを上司に知られないようにするのが、私の務めだと思った。そのうえで、応募書類に目を通した。

応募者に二通りあることがわかった。

日産の組織が嫌で違うほうに逃げたいというのが一つ。

大きな組織の中で腕が揮《ふる》い切れていないから小さな組織で思い切りやりたいというのがもう一つ。

ニスモに役員として出向当時の写真。中央が著者。右が久米日産社長（当時）

前者はいらない、後者が欲しいと思って選ぶのだが、なかなか判断がつかない。おおよその見当をつけて、前の職場での評価をそれとなく調べたりしながら、スタッフ四人で苦労して採用を決めた。そのうえで不採用者全員に自宅あてに通知を出した。当時は手書きだったから、封筒の表書きから封入まで大変な作業になった。

私はプリンスから来た人間で、日産のプロパーではなかった。それなのに九百人もの応募者が出たということに、日産としてはショックを受けたらしい。それでもオーテック・ジャパンの設立祝賀パーティーで、久米社長が私の門出を快く祝福してくれた。

一緒にレースに挑んだスタッフ、ドライバー、モーター・ジャーナリスト、マスコミ関係者、大勢駆けつけてくれて盛大なパーティーになった。

これで私の日産の仕事は終わった。

私は会社の経営など思ってもみなかったし、好きではなかったが、思い通りの自動車をつくりたいという夢が勝った。

数々の名車を
世に送り出した
櫻井《おとこ》が
自らの胃を

切り刻んだ果てに
オーテックの道に辿《たど》りつく

千原という役員が私にささげてくれた詩の冒頭の一節で、「技術者《くるまづくり》から経営者《かじとり》に転進した櫻井《おとこ》」という副題がついていた。

エス・アンド・エスエンジニアリング設立

かくして、私はオーテック・ジャパンで、自分が望む通りの自動車づくりができることになった。しかし、ゼロから自動車づくりをやったら、えらく高くついてしまう。私は日産のラインに流れる車を途中から引き抜いて、可能な限り部品を共通にして、別のクルマにつくり変えることを考えた。オーテック・ジャパンの「ステルビオ」が、こうして誕生した。

残る最大の関門が、クルマをいかにして売るかだった。

私はあの手この手で日産に理屈をつけた。

オーテック・ジャパンがやることによって、日産の販売台数が伸びるのだから、ディーラーに卸す価格よりもっと安くしてもらいたい。そういって仕切価格を値切ると、今度は日産のクルマなんだから販売網を使わしてほしいといって交渉した。だから、オーテック・ジャパンが設立と同時に経営が軌道に乗ったのは、まったく日産の協力のたまものだった。

最初の役員会を「治作」で開いたことはすでに述べた。くしくも茅ケ崎は私が幼いとき過ごした土地だった。市のイベントを企画したり、商工会議所からお声がかりを受けて、技術屋ではないようなアイデアを提供したりして思い出の地に貢献した。

オーテック・ジャパンの最初の売上げは月百五十台足らずだったが、社長を九年、顧問を一年務めて辞めるときには、すでに月三千台を超えていた。

後に日産の社長になる塙さんが私に言った。

「すべて日産が失敗したことを手直ししてやっているな」

私は黙ってほほ笑んだ。

オーテック・ジャパンは初めて自分の哲学でやれた会社だった。しかし、日産の息が強くかかっていたので、影響力が強くなった。すべてが順調に動いてしまうと、昔のようにぎりぎりの場面で知恵をしぼり出すということがなくなってしまう。私は別の道を考えるようになった。

「もう一度、自分でやったらどうか」

私は残りの人生を考える歳になっていた。「よしやってみよう」と決意して設立したのが、現在のエス・アンド・エスエンジニアリングだった。

自然の摂理に教わりながら無我夢中で自動車をつくってきて、気づいたときには大気汚染が進んで、今、何らかの手を打たないと、地球の環境が変わってしまいかねないところにきていた。地球環境をよくするものをつくって、「罪滅ぼし」をしなければ死ぬに死ねない。そんな気持ちになって、今から八年前、一番難しいといわれたディーゼル車の排ガス減少装置の開発を思い立った。

自動車メーカーは「技術的に困難で、新車の代替しかない」といっていた。そんなはずがないという気持ちだった。

デュエット・バーン・システム

エンジンが軽油を爆発させて燃焼させるとき、高熱になって大気中の窒素と結合して生じるのがNOx（窒素酸化物）である。エンジンが高温状態になって完全燃焼すると窒素が増えてPM（粒状物質）が減る。同時に両者を削減すること自体が矛盾していた。

しかし、軽油に特定の配分比率で水を加えた燃料をディーゼル・エンジンに使えば、NOxとPMを同時に減らせることがわかっていた。その配分比率の混合をどうやって実現するかがわからなかった。単に混ぜるだけでは燃料が軽油と水に分離して、エンジンをさびさせてしまう。

水でやり出してから六年、水の粒子が大きくてばらつきがあって、PMは基準をクリアできても、NOxの低減がなかなか思うに任せなかった。

自宅での著者。車への熱い想いは変わらない

ところが、またしても、私は自然の摂理に教わった。ヒントは牛乳だった。牛乳は脂肪と水が完全に溶け合っている。牛にやれて人間にできないことはないと気付いた。一マイクロ（百万分の一）メートルの水の粒子のまわりを特殊な仕組みで軽油の粒子で包むと、爆発するときに水は微爆して飛び出し、そのときの気化熱で燃焼室の温度が下がって、ＮＯｘとＰＭが同時に減少する。水は爆発燃焼時に蒸気として排出されてしまうから、エンジンがさびることもない。

軽油と水をエマルジョン（乳化）状態にしたことで、爆発燃焼の仕方が変化し、時速四十から六十キロで運転した場合、燃費効率が従来よりよくなった。

最も苦労したのが、開発資金の調達だった。走行テストをしてデータを取るのに、一回当たり五百万円以上かかってしまう。従業員三十人というエス・アンド・エスエンジニアリングには重荷だったので、国や県に補助金を申請したが、いずれも却下、銀行から借金を重ねてようやく実用化にこぎ着けた。

名づけてデュエット・バーン・システム……。

晴れて国から認可第一号を取った。

ディーゼル車は、本来はガソリン車よりもクリーンなのである。欧州でもディーゼル車が高く評価されている。技術を追求しないで安易に新車に代替させれば、使えるクルマをいたずらにスクラップ化するだけだ。今あるものを改善すれば長く使える。

物も人も使い捨てにせず大切に使う心……。

私はデュエット・バーン・システムでそれを訴えたかった。

著者略歴

櫻井　眞一郎（さくらい　しんいちろう）

1929年横浜生まれ。1951年旧制横浜工業専門学校機械工学部（現・横浜国立大学機械工学部）卒業。清水建設を経て、1952年プリンス自動車工業の前身のたま自動車に入社。技術課配属（シャシー設計担当）。1957年に発売された初代スカイラインの開発に携わり、以降２代目（1963年）から７代目（1985年）のスカイラインの開発責任者（７代目は病気により途中で交代）を務める。1986年オーテックジャパン取締役社長に就任。1994年エス・アンド・エスエンジニアリングを設立し代表取締役に就任。

わが人生　スカイラインとともに

2006年４月15日　　初版発行
2006年４月26日　第２版発行
著者　櫻井眞一郎
資料提供・編集協力　日産自動車株式会社
発行　神奈川新聞社
〒231-8445　横浜市中区太田町２-23
電話　045(227)0850（出版部）

Printed in Japan　　ISBN　4-87645-374-8　C0095

PRINCE
SKYLINE 1500 DELUXE
SKYLINE 1500 ESTATE
SKYLINE 1500
SKYLINE 2000 GT-A

プリンス自動車工業株式会社 プリンス自動車販売株式会社 41. 5(41. 2)00154－1(か)

歴代スカイライン・プロフィール

1957（昭和32）年に初代が誕生してから、1989（平成元）年まで販売された7代目に至るまで、櫻井眞一郎氏が開発に携わったスカイラインの各モデルについて、代表的な写真とスペック、そして櫻井氏のコメントを掲載した。

●車両写真、掲載カタログ提供：日産自動車株式会社

歴代スカイライン

モデル	生産期間	愛称	目標スタンス 製品（作品）← →商品	生産台数（単位：台）
初代（ALS1）	1957.4～1963.11（79ヶ月）			36,000
2代目（S50）	1963.11～1968.8（57ヶ月）			131,000
3代目（C10）	1968.8～1972.9（49ヶ月）	愛のスカイライン		373,000
4代目（C110）	1972.9～1977.8（59ヶ月）	ケン&メリースカイライン		638,000
5代目（C210）	1977.8～1981.8（48ヶ月）	スカイライン・ジャパン		535,000
6代目（R30）	1981.8～1985.9（49ヶ月）	二代目・愛のスカイライン		312,000
7代目（R31）	1985.8～1989.5（45ヶ月）			229,000

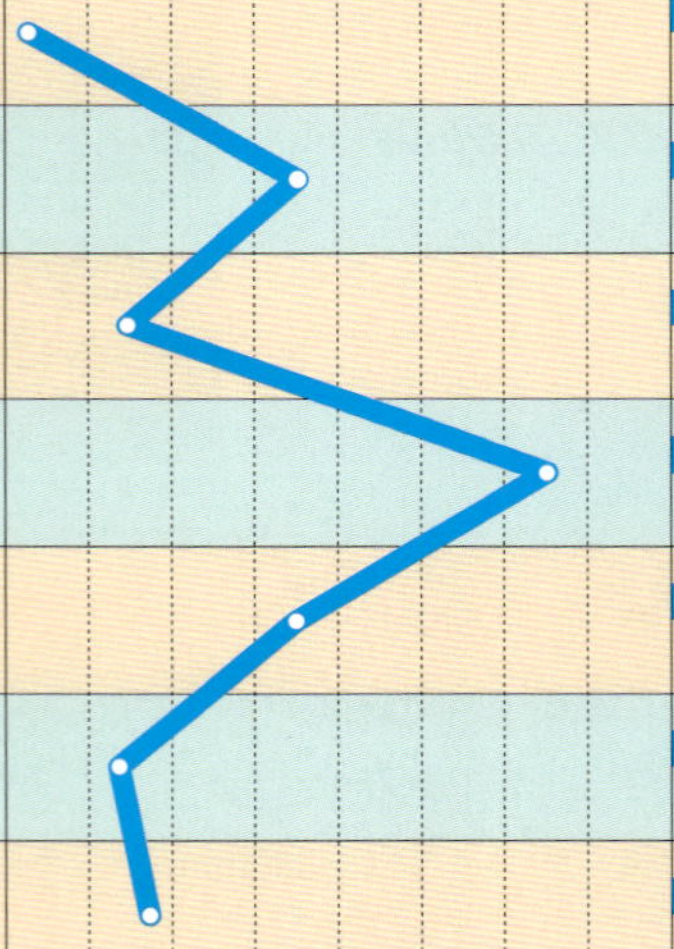

SKYLINE

初代

1957.4～1963.11

1500デラックス ALSI（1957）

1500デラックス ALSI-D2（1960）

デラックス（1957年：ALSID-1）

全長／全幅／全高	4,280mm/1,675mm/1,535mm
ホイールベース	2,535mm
トレッド（前／後）	1,340/1,380mm
車両重量	1,310kg
エンジン	GA30（直4・OHV）1,484cc
最高出力	44kW（60ps）/4,400rpm
最大トルク	105N・m（10.75kgm）/3,200rpm
最高速度	125km/h
タイヤ	6.40-14-6PR

トヨタのクラウン、日産のセドリックに対抗する車として開発したのですが、自動車工学的にはライバル車よりも高いレベルを目指してつくりました。このモデルをスカイライン初代と位置づけていますが、実際にはグロリアが後継車になるのです。

1963.11〜1968.7

1500デラックス S50(1963)

2000GT S54(1964)

1500デラックス(1965年:S50)

全長/全幅/全高	4,100mm/1,495mm/1,435mm
ホイールベース	2,390mm
トレッド(前/後)	1,255/1,235mm
車両重量	960kg
エンジン	G1(直4・OHV) 1,484cc
最高出力	51kW(70ps)/4,800rpm
最大トルク	113N・m(11.5kgm)/3,600rpm
最高速度	135km/h
タイヤ	5.60-13-4PR

事実上のスカイラインのルーツになるモデルです。コロナ、ブルーバードをライバルとしたコンパクトなファミリーカーなのですが、メンテナンスフリーと走りにターゲットを置いています。

1968.7〜1972.9

1500デラックス C10（1968）

2000GT-R PGC10（1969）

HT2000GT-R
PGC10（1970）

2000GT-R（1969年：PGC10）

全長／全幅／全高	4,395/1,610/1,385mm
ホイールベース	2,640mm
トレッド（前／後）	1,370/1,365mm
車両重量	1,120kg
エンジン	S20（直6・DOHC）1,989cc
最高出力	118kW（160ps）/7,000rpm
最大トルク	177N・m（18.0kgm）/5,600rpm
サスペンション	（前/後）＝ストラット/セミトレーリングアーム
タイヤ	6.45H-14-4PR

日産と合併後に出されたモデルです。日産にはファミリー層向けにブルーバードがあるので、もっとスポーティーな方向に振り、技術的にも高い評価を受けています。私の一番好きなモデルです。

4代目

1972.9〜1977.8

2000GT GC110（1972）

HT2000GT-R KPGC110（1973）

H/T 2000GT-R（1973年：KPGC110）

全長／全幅／全高	4,460/1,695/1,380mm
ホイールベース	2,610mm
トレッド（前／後）	1,395/1,375mm
車両重量	1,145kg
エンジン	S20（直6・DOHC）1,989cc
最高出力	118kW（160ps）/7,000rpm
最大トルク	177N・m（18.0kgm）/5,600rpm
サスペンション	（前/後）＝ストラット/セミトレーリングアーム
タイヤ	175HR14

マニアックでスポーティーな先代とは逆に、この4代目は“ケンメリ”として若者の男女に受け入れられました。商業的にも成功し、ユーザー層を広げ、今のスカイラインの地位を築いたモデルです。

1977.8〜1981.8

2000GT KHGC211(1979)

2000GTターボ HGC211(1980)

2000GT(1980年:HGC211)

全長/全幅/全高	4,600/1,625/1,390mm
ホイールベース	2,615mm
トレッド(前/後)	1,370/1,350mm
車両重量	1,185kg
エンジン	L20(直6・OHC)1,998cc
最高出力	85kW(115ps)/5,600rpm
最大トルク	162N・m(16.5kgm)/3,600rpm
サスペンション	(前/後)=ストラット/セミトレーリングアーム
タイヤ	175SR14(BS)

4代目が大変売れたので、私の志向で原点回帰したモデルです。販売台数は気にせずスポーティーにこだわったので、私の好みが前面に出ています。

6代目

1981.8〜1985.9

2000GT-EX HR30（1981）

2000ターボ RS-X KDR30（1983）

H/T ターボ2000GT-ES（1981年：KHR30）

全長／全幅／全高	4,595/1,665/1,360mm
ホイールベース	2,615mm
トレッド（前／後）	1,410/1,400mm
車両重量	1,160kg
エンジン	L20ET（直6・OHC）、1,998cc
最高出力	107kW（145ps）/5,600rpm
最大トルク	206N・m（21.0kgm）/3,200rpm
サスペンション	（前/後）＝ストラット/セミトレーリングアーム
ブレーキ（前／後）	ディスク／ディスク
タイヤ	185/70HR14

ハイキャスやリアドライブメインの4駆など、他社では困難だったハイテク技術を目論んだモデルです。結局リアドライブ4駆の実現は8代目でなされました。

1985.8〜1989.5

2000GTS-R KRR31（1987）

GTS-R R31（1987年：KRR31）

全長／全幅／全高	4,660/1,690/1,365mm
ホイールベース	2,615mm
トレッド（前／後）	1,425/1,420mm
車両重量	1,345kg
エンジン	RB20DET-R（直6・DOHC）、1,998cc
最高出力	154kW（210ps）/6,400rpm
最大トルク	245N・m（25kgm）/4,800rpm
サスペンション	（前/後）＝ストラット/セミトレーリングアーム
ブレーキ（前／後）	V.ディスク/V.ディスク
タイヤ	175SR14（BS）

開 発期後半に私が大病をしてしまい、仕上げに関わることができませんでした。それが大変に残念です。

櫻井眞一郎氏、車と仲間とのワンシーン

「櫻井ファミリー」と称されるスタッフをはじめ、櫻井眞一郎氏のもとには車を愛する多くの人たちが集い、日夜理想の車を追い求めていった。プロトタイプカーの開発、グランプリレースへの挑戦、そしてスカイラインのリリースなど、櫻井氏はあらゆる場面で車と仲間たちに囲まれていた。

初代カタログより抜粋
（1960年2月 スカイライン1500デラックスALSI-2型）

スカイライン デラックス

● スカイライン デラックス

●スカイライン デラックス

● 最高のドライビングポジション

自然の視野のうちにある見易い計器類、合理的に配置されたスイッチ類、操作の楽しいミッションレバー等、広い視野と相俟って、スカイラインのドライビングポジションは、国産乗用車最高のものと定評を頂いています。

2代目カタログより抜粋

（1966年5月 スカイライン乗用車系総合カタログS50系）

スカイライン 1500 デラックス

スカイライン1500。この車名が私たちの耳にもっとも強烈に頼もしく焼きついたのは、第2回日本GPレースのときでした。各社1200cc～1500cc級の精鋭の中で抜群の実力のもとに完全優勝をとげた車。あれから1年余。スカイラインはここに不動の地盤を築きあげました。25万台生産の実績を誇る高性能エンジン。1年間グリスアップのいらないイージー・ケア。工夫をこらしたぜいたくな室内。ファミリー・カーの中でこれほど神経のゆきとどいた車はほかに見当りません。プリンスでは発売2年を契機に、このたびリヤースタイルを一新しました。一方目に見えない部分にも多くの改良を加え車の品質向上をはかっています。

走るために生まれた「車の純血種」……とでもいいましょうか

スカイラインはレース・カーではありません。しかしその性能は、まちがいなくスポーツカーに比肩します。 街なかで…信号が「青」になる。いっせいにとびだす…まず出足で他車を圧倒、加速でさらにリードします。ハイウェイでの追越し…一瞬、きれのいい高速性能で安全にきりぬけます。低速、高速…緩急自在の運転感覚。ファミリー・カーの中でこれほどドライブを楽しくさせる車はありません。いちどハンドルを握ったらトリコになります。

スカイラインをホンヤクすれば　完成されたファミリー・カー

理由はいろいろあります。走行性能…居住性…イージー・ケア。スカイラインのメカニズムはひとつひとつがみがきあげられた珠玉品。各パーツが絶妙の調和のもとに構成されています。発売２年たって…そのすばらしさは実証ずみ経費も手間もかかりません…長時間のドライブ

にも疲れません。どれもこれも、すべてオーナーの体験が答えてくれた言葉です。スカイラインは、おなじ小型車でも、実力がひとケタ違うのです。

2ペダル・スペース・フロー　宇宙を走るなめらかさ

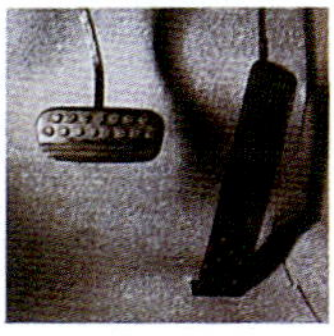

プリンスの２ペダルです。ドライバーは普通走行では視界とハン
ドルに注意を注ぐだけ。混雑した街なか…坂道発進… 細く曲りくね
った路地…踏切り。ひんぱんなギヤ・チエンジによる疲労とエネル

スペースフロー付　**スカイライン 1500 デラックス**

ギーを、スペースフローが肩がわりします。アクセル操作に鋭く応答するエンジンの快よさ。イージー・ドライブを本格的に楽しむための2ペダル〈スペースフロー〉です。

Ⓝ（ニュートラル）
Ⓓ（ドライブ）通常走行に
Ⓛ（ロー）坂を降りるとき…エンジンブレーキ
Ⓡ（リバース）バックするとき

プロ専用ではありません

あなたの運転をきわ立たせる車 最高速170km/h…馬力当り重量10.0kg。この身軽さが、この車のすべてをもの語っています。ひたすらに走るために生まれた車とでもいいましょうか…車の純血種つまり本格スポーティカーです。この性能の安全武器、フロントのディスク・

ブレーキにご注目ください。緩急自在の走行のお目つけ役です。　高速で燃費をセーブするオーバー・ドライブもついています。セダンを上回る居住性とともに、経済性を考えたイージー・ケアー、<1年間グリスアップなし>も万全です。